Crist ym mreichiau'r credadyn, wedi ei osod allan mewn pregeth ar Luc ii.28. Gan y parch. Ebenezer Erskine, M.A. At ba un y chwanegwyd, pregeth arall, a elwir, dadl ffydd ar air a chyfammod Duw, Salm LXXIV.20. gan y parch

CRIST

Ym Mreichiau 'r

CREDADYN,

Wedi ei ofod allan mewn

PREGETH ar Luc ii. 28.

Gan y Parch. *EBENEZER ERSKINE,* M.A.

At ba un y chwanegwyd,

PREGETH arall, a elwir,

DADL FFYDD

A R

Air a Chyfammod Duw,

SALM LXXIV 20.

Gan y Paich. *RALPH ERSKINE,* M A.

H E F Y D

ODL ar Waith a Dadl y Nefoedd,

Wedi ei gymmeryd allan o'r Llyfr rhagoiol
hwnnw elwii yn *Saefcnaeg* Gofpel Sonnets.

Newydd eu cyfieithu i'r Cymiaeg.

CAERFYRDDIN,
Argraphwyd gan J. Rofs tios y Cyfieithydd,
ac ai werth yn yr Argraph-dŷ yn *Heol-Awft.*
MDCC.XLIV.

Y

Cyfieithydd at y Darllenydd.

Gydwladwr caredig,

GAN fod Rhannau o Waith yr Awdwyr parchedig yn adnabyddus eisioes yn ein Gwlad, sef y Traeth-awd rhagorol hwnnw, Am Sicrwydd Ffydd, o Gyf-ieithiad y Parchedig Mr. W Wiliams; a chwedi cael Derbyniad cyffredinol, a llawer gobeithio wedi cael Budd a Lleshad trwyddo, fel na raid wrth Lythyr Canmoliaeth i'r Awdwr godidog. rhy faith fyddai son am y derbyniad sydd i waith yr Awdwr yn y Iaith Saefonaeg gan y corph o Ddarllenyddion Protestanaidd, nid yn unig yn yr Alban neu Scotland Gwlad ei Ene-digaeth, Lloegr, Cymry, a'r Iwerddon, ond hefyd yng Wledydd tramor y Gorllewyn, sef yn America, a Gwaith ei Frawd Mr. Ralph Erfkine Awdwr y Llyfr gwerth fawr hwnnw sef y Traethawd Am farw i'r Ddeddf a byw i Dduw yr un modd, O herwydd pa bam ni chaf ond chwanegu ychydig Eiriau mewn perth-ynas i'r Cyfieithiad hwn, Hyn fydd gennyf i ddywedyd i mi nid yn unig hyd eithaf fy Nghymhwyfiadau fy hun arferyd pob Gofal a Ffyddlondeb, i ddeall ac i ofod Meddwl yr Awdwr allan mewn geiriau eglur, bywiog, a dealladwy

Ond hefyd mi geifiais Gymmorth a Chyfarwyddyd y rhai mwy a hyddyfc yn y gwaith a adwaenwn trwy 'r Wlad i gymmaru y ddwy Dafodiaith a'i gilydd, a'i ddiwygio, lle gwelont achos cyn mynd ac ef i'r Argraph-wafc, ac felly yr wyf yn gobeithio nad oes un i byw Feth-iant ynddynt ac a'u difuddia i'th Enaid os gwel yr

Arglwydd

Arglwydd fod yr ada : dywallt e. Fendithion arnynt.
Y naent yn cynnwys ynddynt mewn byr Eniau holl
jam a fylwedl __ au'r Grefydd griftiogol fef Crift ym
Mreichiau'r Credadyn, a'r Credadyn ym Mreichiau
Crift, ynghyd a's Nefoedl as y Ddaear fy'n canlyn y
cyfryw undeb a'r tregwyddoldeb o lawenydd ar ol llaw.

Yn yr ail, y modd y mae Diw (ac fel y dylai 'r Cred-
adyn) bob amfer edrych ar, ac yn maurhau ei Gyfam-
mod ynghyd ac eglurhad o amryw bethau mewn perthy-
nas i'r Cyfammod a wnaeth ef a Chrift, yr hwn yw',
oll yn oll ymhob peth i'r Credadyn. I'r hwn ddiben
Duw a'i bendithio i Ddarllenydd a Gwrandawydd
fel byddo'r Ffrwyth yn Sancteiddrwydd a'r Diwedd yn
Fywyd tragwyddol.

Bydd wych.

Bydded hyfpys i'r Wladuriaeth os caf yr rhan yn
fuan oddiar fy llaw, fod gennyf ragor o Waith yr Aw-
dur yn barod i'r Argraphwafc, cymmwys fyddai cadw
hyn yn lan heb rwymo a Guaith eraill nes ceffir rhagor atto.

Y Cyfieithydd.

✳✳✳✳✳✳✳✳✳✳✳✳✳✳✳✳✳✳

Y Gwalliau mwyr eu Pwys yn yr Argraphiad,
Leth bynnag fy amgen, dymunir i'r Darllen-
ydd eu maddeu, &c.

Tu dalen 4. llinell 15. yn lle oedd darllen oed.
tu dal 48. llin. 19. yn lle ddyment, dar. ddy-
munent. ac yn lle, os un dywedyd yr, dar. os
dywed un. tu dal. 49. llin. 5. yn lle hun.
dar. ham tu dal 63. llin. 5. yn lle meddu,
dar tueddu.

LUC II. 28.

*Yna efe a'i cymmerth ef yn ei Freichiau,
ac a fendithiodd Dduw.*

N yr ymadrodd canlynol, o'i ad.
y 25. ac yn y blaen, ni welwn y
pethau neilltuol hyn yn cael eu
gosod i lawr mewn perthynas i
un *Simeon*, am yr hwn y mae'r
Testyn yn llefaru. Yn gyntaf,
ni gawn Hanes am ei ymddugiad, adnod 25
ei fod ef yn *Wr cyfiawn a duwiol*, hynny yw,
un yn gwneuthur cydwybod o ddyledswyddau
dwy lêch y gyfraith, yn gyfiawn tuag at
ddyn, ac yn dduwiol tuag at Dduw. Nodwn,
nid oes neb canghennau diffrwyth yn Nghrist
y wir winwydden. Y mae yr rhei'ny ag sydd
yn credu ynddo ef, yn rhai gofalus i gynnal
gweithredoedd da, ac yn edrych ar ei holl
orchymmynion ef. Rhan arall o ymddugiad
Simeon yw, ei fod yn disgwil am ddiddanwch yr
Israel; hynny yw, am *Grist y Messiah addev-
edig*, yr hwn sydd, oedd, ac a fydd yn achos
ac yn seilfaen o ddiddanwch i'r holl ffyddlon-
iaid ymhob oesoedd a therfynau amser · *A
gwyr ei hyd pawb a ddisgwiliant wrtho ef, canys
hwynt hwy ni's cywilyddir byth bythoedd*. Rhan
arall o'i ymddugiad yw, *Fod yr Ysbryd Glan
arno ef*; a hynny fel *Ysbryd Prophwydoliaeth*,
ac fel *Ysbryd o Sancteiddrwydd*. Rhagorfraint
yr holl wir ffyddloniaid yw, fod Ysbryd y go-
goniant ac Ysbryd Duw yn gorphwys arnynt
i *Pedr* iv. 14.   A   Y'

Yn Ail, Y mae gennym yma addewid yn
cael ei gwneuthur i Simeon adnod 26. Ac yr
edd ... di hefyfu iddo gan yr Yfbryd Glan, na
welai efe Angeu, cyn y gwelai Grifi yr Arglwydd.
Ac yn yr addewid hon, y gwelodd Simeon ef a
llygad ffydd cyn iddo ei weled ef a'i lygid
corphorol Nodwn. Fod golygiadau ffydd ar
Grifl yn yr addewid, yn gwneuthur ffordd i
ymddangofiadau teimladwy o hono yma, a
chyflawn fwynhad o hono ar ol llaw, Eph. 1.
Wedi i chui gredu y'ch fllwyd Yn Drydydd,
Ni welwn pa bryd a pha le y catodd Simeon
gyflawniad gweithiedi o'r addewid hon adned
27. Y lle oedd yn y deml, a'r pryd oedd, pan
ddugodd ei rieni, Y plentyn Iefu, i wneuthai
trofto yn ol defod y gyfiaith. Nodwn y rheiny
ag fy am gael cyfarfod a Chrift, ibaid iddynt
ddriigwil wrtho yn ei deml, a'i ordinhadau tref-
nedig ef ei hun, canys yno y mae pob un yn
llefaru am ei ogoniant. Yn Bedwarydd, Ac
yn geniad i Teftyn, ni welwn, y groefauiad
a r derbyniad cariadol a roddodd Simeon i'r Mef-
fiah, pan y cyfaifu efe ag ef yn y deml, Yna
efi a'i cymmerth ef yn ei fieichiau, ac a fend-
ithiodd Dduw

Oddiyma nodwn yn Gyntaf, Ragorfraint
Simeon, efe a'i cymmerth ef yn ei fieichiau,
hynny yw, ym mreichiau ei gorph, ond ar yr un
pryd. efe a'i cofleidiodd ef hefyd ym mreichiau
ei ffydd, ac a i cymmerodd efe i fynu fel
Iechydwriaeth Duw, heb hyn ni s gallafai fen-
dithio Duw am dano fel y Meffiah addewedig,
ac yn oleuni i oleuo'i cenhedloedd a gogoniant
ei bobl Ifrael Yr wyf yn barod a chredu i
lawer gymmeryd Crift rhwng cu breichiau, pan
ydoedd efe yn faban, na chafodd erioed mo i
ffydd

ffurfio trwy ffydd yn eu calonau; ond *Simeon*
a'i cafodd ef ym mreichiau ei gorph a'i enaid
yr un pryd. Gall rhai fod yn barod i feddwl,
o pa fath ddyn gwynfydedig oedd *Simeon*, a'r
cytryw goflaid hyfryd a gafodd, pan y cafodd
y Meffiah mawr, Imanuel, y Duw-dyn, yn ei
fieichiau corphorol! Gwir yw, ac yn wîr yr
oedd hon yn rhagorol fraint, ond etto braint
oedd fwy, oedd ei fod wedi cael gafael arno
ym mreichiau ei ffydd, ac er yn awr fod ei
gorph ef allan o'n cyrrhaeddiad ni, etto y mae
dyfodfa barhaus i tyned atto, i'w ei gofleidio
a'r hyd y ffordd o ffydd: A hyn yw profiad
pob gwir gredadyn, yn fwy neu lai

Yn Ail, Yn y geiriau, gwelwn ddiolch-
garwch *Simeon* am y fraint hon · *Ac a fendith-
iodd Dduw* Yr oedd mewn tymmer nefol i
foliannu, yn *llawn llawenydd a thangneddyf
gan gredu*; a'i galon yn dra helaeth o fawl,
fel ac yr oedd yn dymuno cael myned yn fuan
i dir moliant lle cafai iawn hwyledig delyn yn
ei law, ac i uno a Haleluiau y prynedigion
uchod, *yn awr*, ebe ef, *y gollyngi dy was mewn
tangnedd* Cymmaint a hyn am agoriad y
geriau Cyn myned o honof at yr Athraw-
iaeth ar ba un yr wyf yn bwriadau sefyll; ni
allwn ddy'gu oddiwrth y teftyn a'i gyfylltiadau.

Yn Gyntaf fod gair ei addewid ef yn ficer
i'w ei bobl, ac na fethodd erioed o gyflawn-
iad, *Simeon* yma, a gafodd addewid oddiwrth
yr Arglwydd, *na byddai iddo weled marwolaeth
hyd oni welai Grift yr Arglwydd*, ac felly mae'r
teftyn yn rhoddi hanes o'i chyflawniad. O
foneddigion, Anturiwch ar *air ac addewid Duw*,
ac edrychwch arno fel y diogelwch goreu,
Carys ffyddlon yw'r hwn a addawodd; y mae

ei

ei air noeth ei gystal a thaledigaeth, ni thor
rodd mo i air a dŷn erioed, ie, y mae yn am-
hofibl iddo ef fod yn gelwyddog.   Yn,

Ail. Y caiff y ffyddloniaid weled fod Duw
aid yn unig cystal a'i air, ond gwell na i un.
pan y mae yn dyfod yn ei amfer ei hun, i
wneuthur allan ei addewid iddynt. Ni chafodd
Simeon ond addewid yn unig y cafai weled y
Meffiah cyn ei farwolaeth, eithr ni a welwn
iddo gael mwy na golwg noeth arno ef, canys
efe a i cafodd yn ei freichiau a'i galon ar yr un-
waith. Yn

Drydydd, Fod gwir gredadyn yn caru Crift
mor dda, fel ac y bydd iddo ei ofod ef, hyd
yn cedd yn ei galon. *Simeon* yma a gymmerth
Grift yn ei freichiau, ac a'i gofododd ef yn ei
fynwes, mor agos at ei galon ac y gallafai ef ei
ofod, felly y mae'r Ddiweddi, *Can.* i. 13 *Fy
anwylyd fydd i'm bwyfi myrrh, i hwng fy mronnau
yr crys tros y nos.* O'r fath gydymgaredigo
fydd rhwng Crift a'r credadyn ! Y mae efe yn
ei dwyn hwy fel ŵyn yn ei fynwes, a hwyth-
au yn dwyn Oen Duw yn eu mynwefau, *Efa.*
xl. 11. Yn

Bedwarydd, Fod y ffydd ag fydd yn cofleid-
io Crift mor felus i'r credadyn, fel ac y mae go-
lwg ar angeu, nid yn unig yn hyfryd, ond hef-
yd yn ddymunol. Yr oedd *Simeon* yma, pan y
cafodd Grift yn ei freichiau yn fodlon i'r un-
deb oedd rhwng ei gorph a'i enaid i gael ei
ddatod   Ond i fyned heibio i'r holl bethau
hyn, yr athrawiaeth ag wyf yn amcanu llefaru
o'i herwydd yr amfer prefennol yw hon.

ATHRAW-

ATHRAWIAETH.

I od y ffydd ag fydd yn cofleidio Crift, yn llenwi 'r genou o fawl.

Simeon a'i cymmerth ef yn ei freichiau, ac a fendithiodd Dduw, fel ac y dywedais i chwi, mai braich ffydd oedd yn gafaelu am Grift, a hon oedd yn ei lenwi ef o fawl a chlod, efe a'i cymmerodd ef fel Meffiah yr Arglwydd.

Wrth fyned rhagof i lefaru oddiwrth yr Athrawiaeth hon, mi a gaf trwy ddwyfol gymmorth.

1 Llefaru ychydig mewn perthynas i'r fraich o ffydd ag fy'n cofleidio Crift.

2. Dal ylw ar iai o'r Caniadau hynny ag fydd yn llenwi calon a genau'r credadyn, o fawl pan y mae yn cael Crift yn ei freichiau.

3. Ymofyn pa fodd y mae yr ffydd ag fydd yn cofleidio Crift, yn llenwi 'r galon a'r genau o fawl Yn

4 Gwneuthur cymmwysiadau o'r cwbl.

Y Pen Cyntaf.

Am y Cyntaf, fef, mewn perthynas i'r Fraich o Ffydd, yr hon fydd yn cofleidio Iefu Grift, fe fydd im', yn

1. Ddangos pa beth ydyw. Yn

2. Dangos pa fath Fraich ydyw. Yn

3. Dangos pa fodd y mae hi yn cofleidio Crift.

Am y peth Cyntaf, nid oes gennyf amfer yn brefenol, i agoryd natur ffydd gyda llawer o helaethrwydd, y cwbl a wnaf, fydd mewn ychydig bethau neilltuol, dangos pa beth fydd i'w ei ddyall oddiwrthi, a pheth y mae hi yn ei arwyddoccau. Yn

1 Y mae 'n dra eglur yn arwyddoccau fod rhoddiad neu ganiattad o Grift yn cael ei

wneuthur

v neuthur i bechaduriaid yn i had gynnigiad a
galwad yr Efengyl Y mae derbyniad yn ar-
wyddoccau rhoddiad ; a chymmeryd y peth na
roddwyd, nid ydyw ond lledrad ac yfpeiliad,
neu arferiad anghyfreithlon, Jo. vi. 32. Medd
Crift wrth y torfeydd lluofog, a'r rhan amlaf
o honynt oeddent ddynion anghrediniol, megis
y mae yn amlwg oddiwrth ganlyniad y bennod,
Fy Nhâd fydd yn rhoddi i chwi y gwir fara
o'r nef, ymha le y mae yn dia eglur, fod
rhoddiad a chynnigiad yn agos yr un peth,
ond eu bod i'w eu gwahaniaethu yn unig fel
hyn, fef, mae y rhodd, neu'i caniattad o
Grift, yn y gair i bechaduriaid yw'r fail ar
yr hon y mae 'r cynnigiad yn cael ei wneuthur.
Ni ddarllenwn i Dduw *roddi 'r ddaear i feibion
dynion*, hynny yw, efe a wnaeth ganiattad o
honi iddynt hwy; i'w ei meddiannu a'i def-
nyddio ganddynt; a thrwy rinwedd y caniatt-
tâd hwn, cyn dyfod o'r ddaear yn llawn pobl,
pan byddai i ddyn ddyfod i ryw dir a gofod ei
droed arno, efe a allui mewn diogelwch ei ddef-
nyddio fel ei eiddo a'i feddiant ei hun ; oddiar
y fail hon, fef bod Duw wedi rhoddi neu gan-
i ttau r ddaear i feibion dynion. Yn yr un
gyffelyb fodd y mae Duw wedi rhoddi neu ga-
niattau ei unig anedig fâb, *Jo*. iii. 16. i bwy
ddiben ? Fel na choller pwy bynnag a gredo
ynddo ef, neu a gymmero feddiant o hono trwy
ffydd, ond caffael o honynt fywyd tragwyddol
Tra gwir yw, fod yr arfaeth dragwyddol, y
pwrcafiad, a chymmwyfiad y prynedigaeth, yn
briodol yn unig i'r *Etholodigion* ; ond y mae y
dadcuddiad, o'r *rhodd* a'r cynnigiad yn gyffred-
inol i holl wrandawyr yr Efengyl, megis ac y
mae'r enwog Mr. *Rutherfford* yn gofod allan,

fod

fod y Gwithodedigion yn cael cyſtal hawl
ddadcuddiedig i gredu, ac y mae yr Ethole-
digion yn ei gael. Y mae pob dŷn ag ſydd yn
byw oddifewn i derfyn yr hyfryd lais, yn cael
cynnig ar Griſt, a'r cynnigiad yn cael ei oſod
wrth eu dryſau, Ac y mae y cynnigiad yn dy-
fod mor agos i dref at bob dŷn, megis pe
byddai yn cael ei bennu allan wrth ei enw:
felly ni ddichon neb ddywedyd nad yw'i alwad
na'r cynnigiad ddim immi, nid wyf fi ddim
wedi fy awdurdodi i gofleidio Criſt; Canys
arnoch o wŷr yr ydym ni yn galw, ac at feibion
dynion y mae ein llais, *Diar.* viii. 4. Y mae
gorchymmyn neu gommiſiwn Duw gennyn i
Bregethu'r Efengyl hon, a gwneuthur cynnig
i chwi o'r Criſt hwn, a hynny *i bob Creadur*
a darddodd allan o lwynnau *Adda, Marc* xvi.
15 Y mae diben ac amcan cyhoeddiad yr
Efengyl hon ym mhlith pechaduriaid yn can-
lyn yn y geiriau neſſaf, yr hwn a gredo a fydd
cadwedig, a'i hwn ni chredo a gondemnir. Ni
fu farw dŷn erioed, ac ni fydd i neb farw tan
ddiferion yr Efengyl o eiſiau cyflawn ſail i
gofleidio Iachawdwr. Na ddo, na ddo, fone-
ddigion, fe fydd eich gwaed a'ch marwolaeth
ar eich pennau eich hunain; eich anghredin-
iaeth fydd ſeilfaen mawr eich damnedigaeth:
fe edliw i chwi yn y dydd mawr i chwi gael
cynnigiad ar Griſt, a chwi ni's mynnech mo'i
gofleidio ef; Yn gymmaint ac i'm eich gwa-
haodd, ac i chwithau wrthod, i mi eſtyn fy
llaw a neb heb yſtyried; minnau hefyd a
chwarddaf yn eich dialedd chwi; mi a wawd-
iaf pan ſyrthio arnoch yr hyn yr ydych yn ei
ofni, *Diar.* i. 24, 26.

2. Y mae y derbyniad neu'r cofleidiad yma
o Griſt,

o Grift, yn arwyddoccau gwybodaeth o Grift,
canys nid yw dyn pan y mae yn credu yn cofl-
eidio baigen dywyll, yn awr y mae dau fath o
wybodaeth yn angenrheidiol i fod mewn ffydd,
lei, gwybodaeth o honom ein hunain, a gwy-
bodaeth o Grift. 1af, Meddif, y mae ffydd
yn cynnwys ynddi wybodaeth o honom ein
hunain, neu yn cynnwys ynddi argyhoeddiad
ac amlygiad o'r pechod, y truem, a'r caethiwed
flafaidd, ag ydym ni wedi ymfyrthio iddo,
trwy dorriad y cyfammod cyntaf, y mae'n rhaid
i'r gyfraith fod yn athio i ni at Grift, heb am-
lygiad ar bechod a thrueni trwy'r gyfraith, yn
iwy neu lai, ni bydd i'i pechadur fyth ffoi atto
ef, yr hwn yw diwedd y ddeddf er cyfawndcr
Y mae'r dyn yn hyn o eth, yn dia chyffelyb
i'r moi-wr ar y mor, a fyddo yn hwylio ai for
a gwaelod garw erchyll a pheryglus ofnadwy
iddo, ac nid ymhell oddiwrth graig fawr; cy-
hyd ac y byddo efe yn meddwl bod ei long yn
abl ddigon i'w ei ddwyn i dir, efe a ymlyn
wrthi, ac a wrthod fwrw ei hun ar y graig er
ei ddiogelwch, ond pan ddelo'r tonnau cyn-
ddeiriog a'i gwyntoedd yftormus i guro ai y
llong, a'i thoiri yn chwilfriw odditano, yna, ac
nid cyn hynny, y bydd iddo ef i fwrw ei hun
ar y giaig Felly y mae yma, cyhyd ac y
byddo 'r pechadur yn meddwl y gall wneuthur
yn ddifai ddigon ar y gwaelod erchyll, o'r cyf-
ammod gweithredoedd, ei waith ei hun, a'i
feddyliau da, ni bydd iddo fyth fwrw ei hun
ar Grift Craig yr oefoedd; ond pan ddêl y
demeftl fawr i efcubo ymmaith bob noddfa
dwyllodrus, ac i ddangos iddo o's erys ar y
gwaelod hwn o'r ddeddf, fod yn rhaid iddo yn
anhepcorol fuddo i waelod uffern, yna, ac
nid

nid byth cyn hyn, y llefa'i pechadur allan gyda
cheidwad y carchar, Ha wŷr fi odyr pa beth a
wnaf fel y byddwyf cadwedig? Yr un peth a
welwn yn *Paul, Rhuf* vii. 9. Eithr yr oeddwn
i gynt yn fyw heb y ddeddf, ond pan ddaeth
y gorchymmyn yr adfywiodd pechod a minnau
a fum farw. A'r *Gal.* ii. 19. Myfi trwy'r
ddeddf ydwyf wedi marw i'r ddeddf, fel y bydd-
wn fyw i Dduw. Fel hyn meddaf, fod gwaith
ffŷdd yn cofleidio Crift, yn arwyddo angrheid-
rwydd gwybodaeth ac argyhoeddiad o'n cyflyr-
au colledig trwy'r ddeddf, neu'r cyfammod
gweithredoedd.

2. Y mae ffŷdd yn arwyddo neu yn dal
allan wybodaeth o Grift, megis meddiginiaeth
fendigedig o baratoad Duw; ac y mae cym-
maint a hyn yn myned gyda gwir natur ffŷdd,
megis ac y gwelwn ei bod yn fynych yn myn-
ed tan yr enw Gwybodaeth, *Efay* xliii. 10.
Io. xvii. 3. Ac nid yw'r wybodaeth hon am
Grift, yn wybodaeth dremmiol noeth allanol
am dano ef, nag yn cael ei chyrrhaeddyd trwy
amlygiadau natur, neu trwy oleuni cyffredin-
ol, o herwydd y mae llawer o anghredinwyr
dyfgedig; y mae'r wybodaeth o hono ef yn
wybodaeth du-fewnol mewn modd cadwedigol,
yr hon fydd yn dyfod trwy yfbryd doethineb a
dadcuddiad, ac yn cydgymdeithiafu a'r amlyg-
iadau allanol o hono efe yn yr Efengyl, yr hyn
fydd yn myned i natur gwir ffŷdd; Canys Duw
yr hwn a orchymmynodd i'r goleuni lewyrchu
allan o dywyllwch, yw yr hwn a lewyrchodd
yn eich calonnau, i roddi goleuni gwybodaeth
gogoniant Duw yn wyneb Iefu Grift, 2 *Cor.* iv.
6. Y mae efe megis un a dorrai allan ffeneftr
tan fron y dŷn, yr hon ac oedd o'r blaen megis
carchar

carchar tywyll, y pwll uffernol, gan wneuthur
i belydr cadwedigaeth, a gostyngeiddhwydd,
ynghyd a goleuni o'i gaethiwed i lewyrchu i
mewn, ac yn y modd hyn, y mae'r pechadur
yn cael ei gyfnewid o dywyllwch i'w ryfeddol oleuni ef. A'r goleuni hwn a elwir Goleuni
yr Bywyd, oblegid mae gyda hwn y mae eg-
wyddor newydd o fywyd ysbrydol yn cael ei
phlannu yn yr enaid, *Eph* ii i. A chwithau
a fywhaodd efe pan oeddech feirw mewn cam-
wedd a phechod.

3. Y mae cofleidio Crist fel hyn, yn cynnal
yn yr enaid gyd-synniad cadarn a sefydlog i
ddadcuddiad yr Efengyl mewn perthynas i
Grist, felly na's gall y pechadur lai na chyd-
ddywedud gyda *Paul*, 1 *Tim*. i. 15 Gwir yw'r
gair ac yn haeddu pob derbyniad, ddyfod Iesu
Grist i'r byd i achub pechaduriaid Yn awr,
y cydsynniad hwn yn yr enaid i Ddadcuddiadau
yr Efengyl, nid cydsynniad noeth Historia ol
ydyw, canys fe ddichon ac y mae y gwrthod-
edigion yn credu fel hyn; eithr y mae y cyfryw
gydsynniad, ac y sydd yn seilfaenu ar dystiol-
aeth Duw, neu ar ei waith ef yn tystiolaethu
am Grist yn yr Efengyl, am hynny hi a elwir,
Credu tystiolaeth Duw, a selio mai geirwir
yw efe. Ni ddichon ffydd ac sydd a natur
gadwedigol anturio ei hun ar un rhyw beth tu
yma i an ac awdurdod Duw ei hun, Fel hyn
y dywed yr ARGLWYDD yw sail a rhes-
wm cydsynniad yr enaid. Y mae hon yn
gadarnach sail na'r nef na'r ddaear, Canys y
mae dull y byd hwn yn myned heibio, ond
gan yr Arglwydd a barha yn dragywydd, cyf-
iawnder yw gwregys ei lwynau, a ffyddlon-
deb yw gwregys ei arennau, felly efe a haid
a bod

a bod yn Dduw, mor gynted ac y paid ef a
a bod cyftal a'i air, yr hwn a ficcrhaodd efe
trwy ei lw, fel trwy ddau beth dianwadal, yn
yr rhai yr oedd yn amhofibl i Dduw fod yn
gelwyddog.

4. At hyn y mae yn canlyn dderbyniad, a
chofleidiad, neu gymmwyfiadol weithred ffydd.
Yna mae Crift yn dyfod yn adnabyddus yn
ngoleuni yr gair a'r Yfbryd a'r gwirionedd dad-
cuddiol mewn perthynas iddo ef, yn cael cyd-
iynniad hefyd; y mae 'r enaid yn myned radd
ymhellach, ac fel un a'i cymmerai ef i dref yn
ei freichiau a'i fynwes, megis meddiginiaeth a
fyddai ymhob modd yn dra chymmwys at glwyf
a grefynnol gyflwr yr enaid Y mae y derbyn-
iad hwn, neu weithred briodoliaethol ffydd yn
dra chymmwys, megis pe b'ai yn adlais yr
enaid i alwad a chynnigiad yr Efengyl. Yr
wyf medd Duw yn ei gynnig ef yn Iachawdwr
i ti, yr wyf finnau, medd ffydd yn ei gofleidio
ef yn Iachawdwr i mi Yr wyf medd Duw yn
ei gynnig ef yn *Ddoethineb* i ti yr hwn wyt yn
ffol, ac yr wyf finnau medd ffydd, yn ei gof-
leidio ef yn *Ddoethineb* i mi · Yr wyf medd
Duw yn ei gynnig ef i ti yn Gyfiawnder ac yn
Gyfiawnhâd, yr hwn wyt yn bechadur dam-
nedig, yr wyf finnau medd Ffydd, yn ei gof-
leidio ef fel yr Arglwydd fy Nghyfiawnder:
Yr wyf medd Duw, yn ei gynnig ef i ti yn
Sanĉteiddrwydd, yr hwn ac wyt yn bechadur
aflan halogedig; yr wyf finnau medd Ffydd,
yn ei gofleidio ef er fy Sanĉteiddrwydd: Yr
wyf medd Duw yn ei gynnig ef i ti yn Bryne-
digaeth, yr hwn wyt yn garcharor cyfreithlon;
yr wyf finnau medd Ffydd yn ei gofleidio ef,
yn Brynedigaeth i mi; ac i fod im' ôll yn ôll.
Fel

Fel hyn meddaf y mae adlais yr enaid i lefer
ydd Duw yn yr Efengyl, pan y mae yn credu,
yn debyg iawn fel y gwelir, *Zech* xiii. 9.
Dywedaf fy mhobl yw efe, ac yntau a ddyw-
ed yr Arglwydd yw fy Nuw· dyma'r peth ac
ydym yn ei alw yn Siccrwydd Ffydd, neu yn
Grediniaeth trwy Briodoliad, ym mha le y mae
yr enaid, megis yn cymmeryd gafael a meddi-
ant ar Grift, a'r holl fendithion a bwrcasodd
efe, megis ei eiddo ei hun, a hynny ai Sail
cynnigiad yr Efengyl a r addewid.   A'r pethau
oedd o'r blaen mewn modd cyffredinol i bawb,
y mae'r enaid yn awr yn eu dwyn hwynt
adref atto ei hun mewn modd neilltuol, ac yn
debyg iawn i *Simeon*, yn cymmeryd Crift yn ei
freichiau a'i fynwes, gan ddywedud gyda *Tho-
mas*, Fy Arglwydd a'm Duw   Nid wyf yn
dywedud, mae iaith gyntaf ffydd yw, mae
Crift wedi marw trofof fi, neu yr wyf wedi fy
ethol er tragwyddoldeb ; nage, eithr iaith dde-
chreuol ffydd yw, y mae Duw yn cynnig i mi
Grift wedi ei ladd a'i groes-hoelio ynIachawdwr
im', ac yr ydwyf finnau yn cymmeryd y Crift
hwn a laddwyd yn Iachawdwr i mi ; ac ar fy
nghymmeriad a'm cofleidiad o hono ef, fel ac
y mae yn cael ei gynnig, y mae gennyf le i gre-
du fy mod wedi fy ethol, a'i fod ef wedi marw
trofof fi yn neilltuol, ac nid cyn hyn y gall efe
gredu 'r pethau hyn.
  Ni bydd im' chwanegu, ond yn unig fod y
weithred briodoliaethol hon yn anwahanol
oddi wrth yr adnabyddiaeth, neu yr wybodaeth
a'r cydfynniad grybwyllwyd am danynt uchod,
ac hefyd eu bod oll yn gynnwysedig yn natur
gyffredinol gwir ffydd ; yr hyn ac wyf yn eu
cymmeryd megis gweithred yr holl enaid, heb
                                              ym-

ymwymo wrth gynneddf mwy na'i llall, neu
wahaniaethu rhwng dechreu na pharhad am-
ser.

Yn awr y mae'i ffydd gadwedigol hon, a'i
darlunio fel hyn, yn ei gweithrediadau han-
f.dol mewn amrywiol ymadroddion yn cael ei
gosod a lan yn y Scrifennadau Sanctaidd, Yf-
crythyrau 'i Gwirionedd, oddiwrth y ffynnon
hon yn unig, y mae i ni i ddyall pob peth o'i
phlegid, At y gyfiaith ac at y dyftiolaeth, oni
ddywedant yn ol y gan hwn, hynny fydd am
nad oes oleuni ynddynt

1 Y mae hi yn cael ei galw, Derbyn Crift,
Io. 1. 12. Cynnifer ac a u derbyniafant ef, &c.
Col. ii 6 Megis gan hynny y derbyniafoch
Grift Iefu yr Arglwydd, felly rhodiwch ynddo.
Y mae'r ymadroddion hyn am ffydd yn ein
harwain i ddyall am Grift, tan yr yftyriaeth o
Rodd, a fyddai yn rhad yn cael ei chynnig a'i
dal allan i ni yn yr Efengyl, ac yn dwyn yn
drwyadl yn ei natur ei hun le i'w ei phriodoli,
o blegid p'le bynnag y byddo dyn yn derbyn
Rhodd, y mae yn ei chymmeryd fel ei eiddo ei
hun, ac y mae yn dyfod yn feddianol iddo.

2. Y mae weithiau yn cael ei gofod allan,
trwy y Ymorphwys neu dreiglo ein hunain ar yr
Arglwydd, Sal. 37. 5. Treigla dy ffordd ar yr
Arglwydd; ac yn y 7fed adnod Diftawa yn yr
Arglwydd, neu yn ol y Safnaeg, Ymorphwys
yn yr Arglwydd, a difgwil witho. Fe ddichon
yr ymadrodd hwn fod naill ai yn gyffelybiaeth,
i ddyn tlawd blinedig, yr hwn a fyddai yn
barod a fyrthio tan ei faich, a'i draed yn anall-
uog ei ddwyn ef, y mae yn pwyfo ac yn
gorphwys ei hun ar ryw graig gadarn, am yr
hon y mae efe yn hyderus na bydd iddi fyrthio

B   oddi

oddi tano: Nid yw ffydd yn y weithred o
gyfiaunhâd yn Râs gweithredol, ond Grâs
gorphwyfol ydyw ; O¹ medd yr enaid tlawd,
yr wyf yn debyg i fyrthio i lawr i eigion Uffein,
tan bwyfau Fy nghamweddau, yi rhai aethant
tros fy mhen, megis baich trwm, y maent yn
rhy drwm i mi . ond gofodaf fy nghymmoith
ar yr hwn a roddodd Duw i mi , O ¹ dyma fy
ngorphwysfa. Ac am hynny y dywedir i fod
y rhai fydd yn ciedu yn myned i mewn i'w
orphwysfa ef. Neu yntau, fe ddichon fod gor-
phwys fel hyn ar Grift, yn gyffclybiaeth, o
o wr yn gorphwys ar 'fcrifen-rwym, neu Fond;
neu ar feichnydd diogel a fyddo wedi ei gael, a
hwnnw yn wi goludog.   Y mae y cyfryw un
yn ei gymmeiyd fel meichiau iddo ei hun, ac
yn gorphwys ai ffyddlondeb yr hwn a'i ihodd-
odd . felly mewn ciediniaeth, yi ydym yn
gorphwys ar anghyfnewidioldeb yi addewedig
Dduw yn Nghrift, megis meichiau digonol am
y bendithion fydd wedi en haddaw.

3. Hi a elwir yn Ffoi i gymmeryd gafael yn
y gobaith a ofodwyd o'n blaen, Heb. vi 18.
Yn hyn y mae cyffelybiaeth oddiwrth y llofr-
udd tan y gyfraith, yr hwn ac oedd i ffoi rhag
dialydd ÿ gwaed   y dýn tlawd oedd ac ymlid
ar ei ol, nid oedd lê ganddo i dioi ai un llaw
mwy na'r llall i neb o ddinafoedd *Ifiael*, nid
oedd iddo ddim i ffoi i'r deml, ac yno i aberthu
aberthiu , ond ihaid oedd iddo ffoi yn union-
gyrch i'r ddinas noddfa.   Felly mewn crediniaeth, nid oes le fyth i'r enaid ymorphwys
mewn un peth tu yma i Iefu Grift, yr hwn
yw'i un ac fydd i fod Yn ymguddfa rhag y
gwynt, ac yn lloches rhag y demeftl ; fe ddaw
forom fawr ac a yfcyba ymaith bob noddfa
arall .

arall · ond megis y llofrudd, pan gyntaf ac y
byddai oddifewn pyrth y ddinas noddfa, yr
oedd yn y fath ddiogelwch, fel ac y gallai yn
ddifraw ymddiddan a dialydd y gwaed, heb
fod mewn un-rhyw berygl; felly y mae yr
enaid ac fydd trwy ffŷdd wedi ffoi tan gyfcod
gwaed a chyfiawnder Crift, yn y fath ddiogel-
wch annychrynadwy fel y gall anturio ymddi-
ddan a'r gyfraith, a'i holl ymlidiadau, a dywed-
yd gyda'r Apoftol, Rhuf. 8. 35. Pwy a rydd
ddim yn erbyn etholedigion Duw? Duw yw'r
hwn fydd yn cyfiawnhau, pwy yw'r hwn fydd
yn damnio? Crift yw'r hwn a fu farw, &c.

4. Hi a elwir, Ymoftwng i gyfiawnder Duw,
Rhuf. x. 3.   Ymadrodd tra dieithr y dybygid
fyddai !   Clywed fod drwg Weithredwr a f'ai
wedi ei gondemnio, yn gwrthod ymoftwng i
dderbyn pardwn oddiwrth ei Dywyfog? Neu
fod un cwbl noeth yn gwrthod ymoftwng i
gymmeryd ei ddilladu? Y mae'r ymadrodd
uchod yn eglur ddangos allan refynol falch-
der calon dŷn; yr ydym ni megis pe baem wedi
dingo debygem i orfedd o hunan-gyfiawnder
trwy'r ddeddf, gan feddwl gyda *Laodifea*, ein
bod yn gyfoethog, ac heb eifiau dim, ac yn
wradwydd yn ein golwg, i fod yn rhwymedig
am gyfiawnder un arall   eithr yn awr pan y
byddo i ddŷn giedu, y mae'r holl ddychmygion
caeiog yma yn cael eu gwneuthur yn gyd
waftad a'i llwch, ac y mae yn cael ei waghau
o hono ei hun, a'i wneuthur i gyfrif pob peth
yn dom ac yn golled, fel y ceir ef yn Nghrift,
heb ei gyfiawnder ei hun, ond yr hwn fydd
trwy ffydd Iefu Grift, fef y cyfiawnder fydd o
Dduw trwy Ffydd, *Phil.* iii. 8, 9.   Y mae
iaith yr enaid ac fydd yn ymoftwng i gyfiawn-

B 2   der

der Crist, yn un ag iaith yr Eglwys. *Fe... \l*
Yn ddiau yn yr Arglwydd (medd un) y mae i mi
Gyfiawndir a Nerth

5. Hi a elwir, *Ymaflyd yn nghyfammod Duw*,
Esay lvi. 4 Sef yn y Cyfammod Grâs, megis
ac y mae yn gorwedd yn ngorchwyliaeth allan-
ol yr Efengyl, yr hwn sydd yn gyffelyb i Raff
a deflyd i blith lliaws o Ddynion a fyddai ar
iddo, y mae Duw yn dyfod trwy ei Wernu-
dogion, i lefain ar ol Pechaduriad suddedig,
pa rai sydd yn agos myned i lawr i'r Gagendor
ddiwaelod o Ddigofaint. *Ymaflwch.* medd
Duw, *yn fy Nghyfammod* , ac yn yr hwn a
roddais yn Gyfammod Pobloedd, ac myfi a'ch
gwaredaf chwi rhag mynd o honoch i'r Pŵll
diwaelod o drueni. Yn awr pan y mae'r Dyn
yn credu, y mae megis un yn cymmeryd gafael
yn y rhaff hon o Iechydwrieth yn y Cyfam-
mod Grâs a'r addewid; ac yn gyffelyb i *Jeremi*,
pan oedd y rhaffau yn cael eu gollwng i'r Pŵll
gan *Ebedmelech*, yna mae efe yn eu gosod hwy
oddi tan ei Geffeiliau, ac yn gosod ei bwys ar-
nynt. Y mae'r Enaid tlawd yn y cyflwr hwn,
yn dywedyd gyd â *Dafydd*, pan oedd yn lle-
faru am y Cyfammod Grâs, *Dyma fy holl Iech-*
ydwriaeth; dyma'r man y gosodaf holl Bwys
fy Enaid suddedig ac andwyol.

6. Hi a elwir, *Rhoddi ein llaw i'r Arglwydd*,
Hezekiah a scrifennodd at y Llwythau gwrth-
giliedig, gan eu cynghori hwy i roddi o honynt
eu dwylo i'r Arglwydd; gan gyfeirio ei ymad-
rodd at y modd ac y mae ymhlith Dynion ac
a fyddo mewn ymiafael a'u gilydd, pan y maent
yn dyfod i Heddwch, y maent yn roddi eu
dwylo y naill i'r llall mewn amlygiad o Gyfeill-
gaiwch. Y mae y Duw mawr, y mawrhydi
nefol,

nefol, yr hwn a ddigiafom ni; yn dyfod trwy
oruchwyliaeth yr Efengyl, gan eftyn allan ei
Law ar hyd y Dŷdd, tuag at Bechaduriaid
gwrthryfelgar, gan ddywedyd, *Wele fi, wele fi*;
taflwch i lawr eich Arfau gwrthryfelgar, a
byddwch mewn Heddwch a mi. Yn awr pan
y mae'r pechadur yn credu, y mae megis un yn
ymaflyd yn llaw'r Arglwŷdd, fel y gwelir y
teftyn hwnnw yn. *Efay* xxvii. 5. Ymafled yn
fy nerth i, fel y gwnelo Heddwch â mi, ac efe
a wna Heddwch â mi.

7. Gelwir hi, *Agoryd ein Calonnau i Grift*,
Can. v. 2. Dad. iii. 20. Actau xvi. 14. Y
mae'r Ymadroddion hyn yn dal allan, fod calon-
au Pechaduriaid wrth natur wedi eu caead a'u
bollto yn erbyn yr Arglwydd; felly pan y mae'r
Dŷn yn credu, y mae dryffau tragwyddol y
Dyalltwriaeth, yr Ewyllys, a'r Serchiadau, yn
cael eu hagoryd ac yn ymderchafu at Arglwydd
y Lluoedd, yr Arglwydd cadarn mewn Rhyfel.

8. Weithiau hi a elwir *Prynu*, Efay lv. 1.
Deuwch prynwch Wîn a Llaeth, heb Arian
ac heb werth, *Dad.* iii. 18. Yr wyf yn dy
gynghori, i brynu gennyf i Aur wedi buro
trwy Dan, *&c.* Nid yw'r prynu hwn ddim yn
arwyddo yr fath beth a bod newidiad, megis
pe baem yn rhoddi i Dduw gogufywch gwerth
am ei Râs; prynu heb Arian ac heb werth fydd
yn y Farchnad hon; rhoddi Tlodi am Cyf-
oeth, Gwagter am Gyflawnder, Bryntni am
Lendid, Euogrwydd am Gyfiawnder, Caeth-
iwed am rydd-did; mewn Gair, prynu ym
Marchnad Crift nid yw ddim amgen na chym-
meryd, Dad. xxii. 17 *Yr hwn fydd yn Ewyllyfio
cymmered o Ddwfr y Bywyd yn Rhad.*

Y mae Yfpryd Duw yn gwneuthur defnydd

o amryw Ymadroddion yn y Gair, a hynny ei
mwyn dangos allan natur ffydd, weithiau hi a
elwir, *Sail y pethau yr ydys yn eu gobeithio*, Heb.
xi 1. oblegid fod ffydd, megis pe b'ai, yn
sylweddu ac yn melusu 'r addewid . yn dra
thebig i fod Dyn yn edrych i'w ei Fondau a'u
Scrifen-fraint, neu ryw sicrwydd arall, efe a
ddywed dyma fy holl Olud a'm holl Feddian-
au, ei nad ydynt ond Darniau bychain o Bap-
pur felly y mae'i Credadyn, pan y mae yn
edrych ar Gyflawndei a Chyfiawndei Crist,
megis ac y mae yn cael ei ddal allan yn addewid
Râd yr Efengyl, yn barod i ddywedyd, dyma
fym sail a'm sylwedd, am holl feddiannau
tragwyddol; a chyda *Dafydd*, yr hwn oedd yn
llawenhau yn Ngair ac addewid Duw. megis
un yn *llawenhau am Yspail fawr iawn*, ie,
gwell ydyw na choeth Aur lawer. Diachefn, hi
a elwir yn yr un adnod, *Sicrwydd y pethau nad
ydys yn eu gweled* Y mae'r Gair yn y Iaith
wreiddiol yn arwyddo *Eglurdeb*, neu amlygiad
o Adnabyddiaeth anwrthwynebol. Y mae
Ffydd yn gweithredu ar yr Addewid, yn sicr-
hau i'r Enaid Wirionedd y Pethau anweledig,
megis pe b'ai yn eu gweled hwynt ger ei fron
a Llygaid ei Gorph Ac nid yw i olwg hon o
Ffydd ddim chwaith yn gyffelyb i'r olwg a
welodd *Balaam* ar Grist. pan oedd yn dywedyd,
Gwelaf ef, ond nid yr awr hon, edrychaf arno
ond nid o agos, *Numb* xxiv. 17. Efe ai gwel-
odd ef trwy Yfbryd Prophwydoliaethol, fel
Pryniawdwr *Ifrael*, ond ni's gwelodd efe ei
trwy Yfbryd Ffydd fel ei Bryniawdwr ef ei
hun, fel ac y gwelodd *Job* ef, Job xix 25.
Balaam a'i gwelodd ef, ond heb ddim hawl
Berfonol ynddo, ond *Job* a i gwelodd ef, fel

ei Bryniawdwr ef ei hun, gyda Phriodoliad,
neu fel un priodol iddo; *Myfi a wn,* ebe ef,
fod fy MHRYNWR yn fyw. Drachefn yn yr
adnod 13 gelwir hi, Derbyn yr addewid, neu
yn ôl y *Saefnaeg, Cofleidio yr addewid.* Mae'r
Gair yn y Iaith wreiddiol yn arwyddoccau,
cyfarchiad cariadol, neu ymgyffanu; Ymad-
rodd cyfeiriol oddiwrth ddau Gyfaill anwyl, y
rhai pan y mient yn cyfarfod, a wafgant naill
y llall ym Mreichiau eu gilydd yn y modd
mwya cariadol a ferchiadol. Y mae Grâs yr
Addewid yn cofleidio 'r Enaid, ac yna mae'r
Enaid yn cofleidio 'i addewid, ac fel yn ei
gwafgu hi a Chrift ynddi rhwng ei Freichiau.
Yn wrthwyneb i hyn y mae cyflwr y Rhag-
reithwr rhyfygus, yr hwn yn ficci mewn rhyw
fodd a gofleidia 'r Addewid; ond nid yw priodol Râs yr Addewid ddim yn ei gofleidio ef,
y mae efe yn y cyflwr hyn megis un yn cofleidio
Pren, ond nid yw'r Pren yn ei gofleidio ef.

Drachefn, y mae Ffydd weithiau yn cael ei
galw *Bwyta Corph, ac yfed Gwaed Mab y Dyn,*
Jo. vi. 53 o herwydd bod Ffydd yn gwneuthur
defnydd o hono, ac yn cymmwyfo Crift yn
Fywyd, yn Gynhaliaeth, ac yn Ymborth i'r
Enaid, yn dra chyffelyb i Ddyn yn gwneuthur
defnydd o Fwyd a Diod a fyddo yn cael eu
gofod ger ei fron er Cynhaliaeth corphorol.
Caffed Dyn wledd ger ei fron, a honno yn
wledd mor odidog ac y bu gwledd erioed, etto
o's na bydd iddo wneuthur defnydd o honi a'i
chymmwyfo atto ei hun, efe a newyna yn an-
hepcorol: felly heb Ffydd gymmwyfiadol o
Grift a'i Gyflawnder, yn ddiau ni fyddwn feirw
yn dragywydd; ac O! pwy mor doft yw new-
ynu ynghanol lledandid?

Yn ddiweddaf, Y mae Ffydd yn cael ei galw, *Ymddyried yn Enw yr Arglwydd*, Efay l. 11. a'r xxvi. 3. Yr ydym bawb yn gwybod pa beth yw ymddyried mewn Dŷn am ei Oneftrwydd a'i Gywirdeb ; pan y mae yn rhoddi ei Air, nid ydym yn gwneuthur dim amheuaeth, na chennym ddim gwan-feddwl, na bydd iddo gyflawni yr hyn a addawodd : felly y mae Ffŷdd yn cymmeryd yr Addewid, ac yn ymddyried yn Anghyfnewidioldeb yr hwn a addawodd ; megis ac y dywedir am *Abraham*, Ac nid amheuodd efe Addewid Duw, trwy Anghrediniaeth ; eithr efe a nerthwyd yn y Ffŷdd i roddi Gogoniant i Dduw. Y mae Priodoliaethau Duw, ei Gadernid, ei Sanĉteiddrwydd, ei Ddaioni, ond yn enwedigol ei Wirionedd wedi eu gwyftlo yn yr Addewid, fel Seilfeini i ymddyried arnynt, ac am hynny ni allwn ymddyried yn ei ENW ef, a phan y byddom yn ymddyried ynddo ef, ac yn ymorphwys ein hunain aino, y mae yn rhaid i ni bob amfer ei gymmeryd ef fel ein Duw ni yn Nghrift, canys ni's gallwn ni fyth ymddyried ynddo, tra byddom yn ei gymmeryd ef fel Gelyn.

Yr Ail Peth a ofodwyd ger bron, er eglurhâd y Pen Cyntaf cyffredinol yn y Diefn, oedd dangos i chwi rai o Gynheddfau'r Fraich hon, fef Ffydd.

Yn Gyntaf, *Braich ydyw ac fydd yn pwyfo ac yn gorphwys*, Can. viii. 5. Pwy yw hon fydd yn dyfod i fynu o'r Anialwch ac yn pwyfo ai ei Hanwylyd ? *Ifay* xxvi. 3. Ti a gedwi mewn tangneddyf heddychol, yr hwn fydd a'i feddylfryd arnat ti, am ei fod yn ymddyried ynot. Gwaith a Swydd Ffydd yw cynnal i fynu yr Enaid pan y byddo yn bario a fuddo gan faich

ei

ei Bechod, a'i Ofyd, a'i Dywyllwch, a Gwrth-
giliadau. *Sal.* xxvii. 13. Diffigiafwn pe na
chredalwn weled Daioni yr Arglwydd yn Nhîr
y rhai Byw. Y mae hi yn pwyfo ac yn ym-
orphwys ei hun arno ef, yr hwn yw Nerth
Ifrael, ie ar y Gŵr ag fy'n Gyfaill i Dduw, yr
hwn a wnaeth efe yn gadarn iddo ei hun; ac
fel hyn y mae hi yn cynnal i fynu'r Enaid tan
y Gwafgfeydd trymmaf.

2. Braich ydyw ac fydd yn ennill ac yn elwa.
Y mae'r Apoftol *Paul* yn dywedyd, *Phil.* iii.
8. am ennill Crift a'i gael ynddo ef; ac fe
ddywedir am y Marchnatwr doeth, iddo fyned
a gwerthu yr hyn oll ag y feddai, fel y gallai
brynu, neu ennill y *Perl* Gwerthfawr; ac ni's
gellir mewn un modd ennill y Perl hwn, ond
trwy ei dderbyn, *Jo.* i. 12. Ie mae Ffydd yn
Râs mor ennillfawr fel ac y mae beunydd yn
cymmeryd, a beunydd yn derbyn allan o Gyf-
lawnder Crift *Ras am Ras*; y mae hi yn cloddio
i mewn i Graig yr Oefoedd, ac yn gwneuthur
yr Enaid tlawd yn oludog o Olud anrhaeth-
adwy; y mae hi yn cynnal ei Mafnach a'r
Nêf, ac yn teithio i'r Tîr pell, ac yn dych-
welyd yn drwm-lwythog o Oludoedd y Wlad
well.

3. Y mae hi yn Fraich lydan a thra ehang,
nid ychydig a leinw Braich Ffydd; nid yw'r
Bŷd i gid a'i holl Gyflawnder yn digon i lenwi
y Fraich o Ffydd, nag yw, nag yw, y mae hi
yn eu taflu heibio megis Tom, a hynny fel y
byddo iddi gael ei Braich yn llawn o Dduw
yn Nghrift; Yr wyf yn cyfrif pob peth yn
Dòm ac yn Golled, er mwyn Godidawgrwydd
Gwybodaeth CRIST IESU fy Arglwydd, *Phil.*
iii. 8. Ie gallaf etto ddywedyd ymhellach,
nad

nad yw'i Nefoedd a holl Ogoniant Tir *Imma-nuel* ddim dyinaid yn llaw Braich Ffŷdd, heb Grift yn yr hwn y mae holl Gyflawnder y Duwdod yn prefwylio. *Sal.* lxxiii. 25. Pwy fydd gennyf fi yn y Nefoedd ond tydi, ac ni ewyllyfiais ar y ddaeai neb gyd a thydi.

4. Bi aich afaelgar iawn ydyw, ei *Harwydd Air* ydyw, *Cadw dy afael*. megis ac y mae Braich Ffydd yn *dia chang*, ac yn cynnwys llawer ynddi, felly y mae hi yn cadw ac yn gafaelu yn ficcr yn yr hyn a gaffo, *Can* iii. 4. Deliais ef, medd y Ddyweddi, ac ni's gollyngais. Y mae Ffŷdd yn Râs mor gadarn ei gafael, fel ag yr ymdrecha hi a Duw Hollalluog, yn gwrthod rhoddi fynu i ymdrechu, pan y byddo ef debyg i ymrhyddhau o'i gafaelon hi, megis ac yn Achos *Jacob*, *Gen.* 27. 24. ac yn y blaen; Kyno y mae *Jacob* yn cael gafael trwy Ffŷdd, ar *Angel y Cyfammod*, y mae'r *Angel* yn dywedyd wrtho, Gollwn fi ymaith *Jacob*; Gair dieithr iawn, i fod y Creawdwr yn dyfod i ymbil ar ei Greadur ei hun. ond beth a ddywedai Ffŷdd *Jacob* am y Gair hwn? *Ni'th ollyngaf oni ym bendithi* : megis pe buafai yn dywedyd, Torred y Dydd, ac eled heibio; deued y Nôs, a thorred y Dydd drachefn, yr un peth ydyw: Ymlŷn di *Jacob*, a'r Duw byw ni's ymedu a'thi heb dy Fendithio. O'r un Pwipas a hyn, y mae y Geiriau hynny yn y Prophwyd, *Hof.* xii. 3, 4. Ac yn ei nerth, hynny yw trwy Nerth Ffŷdd mewn Gweddi, y cafodd Allu gyda Duw; ie, cafodd Nerth ar yr Angel, a gorchfygodd ; wylodd ac ymbiliodd ag ef. O Foneddigion i ymdrechwch i ganlyn Enfampl *Jacob*, yna chwi â borthir ac Etifeddiaeth *Jacob* eich Tàd, *Ifay* lviii. 14.

Fel

Fel hyn meddaf y mae Ffydd yn Fraich ag
fydd yn gafaelu yn dra ficcr; y mae'r Afael
gyntaf ac y mae Ffydd yn ei gael ar Grift mor
ficcr fel na's cyll hi fyth mo'i gafael drachefn
tros holl dragwyddoldeb; y mae hi yn uno'r
Enaid a Chrift, ac y mae'r undeb mor agos
trwy Ffydd, fel ac y mae'r Dyn yn dyfod yn
un Corph ac o'r un Yfbryd ac ef, ac mor an-
ddattodol, fel na's gall nag Angeu, nag Ein-
ioes, na Phethau prefenol, na Phethau i ddy-
fod, byth wneuthur gwahaniaeth rhyngthynt.

5. Oddiyma y canlyn, mae Braich hyderus
a diegwan iawn yw Ffydd, y mae ynddi lawer
iawn o SICCRWYDD, canys hi faentumia
ei hawl yn Nghrift ar fail y *Cyfammod newydd*,
ie hyd yn oed pan y byddo Uffern a Ddaear,
Teimlad a Rhefwm, a phob peth fel yn ei
gwrthwynebu; etto hi a ymddyried yn Enw'r
Arglwydd, ac a obeithia yn ei Duw a'i Chy-
fammod, a hynny hyd yn oed pan y byddo'r
Enaid tlawd yn rhodio mewn Tywyllwch Ab-
fennoldeb, mewn Tywyllwch Temptafiynau,
mewn Tywyllwch Cyftuddiau, ie mewn Tyw-
yllwch Dyffryn Cyfgod Angau. Yr oedd llawer
iawn o Wrthwynebiadau i Ffydd *Abraham*, i
ymdrech a hwynt pan y cafodd Addewid am
Ifaac, ac am yr Hâd addewedig ynddo ef, yn
yr hwn Hâd y bendithid holl Genhedloedd y
Ddaear; etto'r cyfryw oedd *Hyder* a *Siccrwydd*
ei Ffydd, fel nad amheuodd efe yr Addewid.
Iaith y fath Ffydd yw, Pan y fyrthiwyf cyfod-
af diachefn; pan eifteddwyf mewn Tywyll-
wch, yr Arglwydd o lewyrcha i mi, efe a m
dwg allan i'r Goleuad, a mi a welaf ei Gyfi-
awnder ef, *Mic.* vii. 8, 9. Etto ni fynnwn i'm
cam gymmeryd yma, megis pe nad yw'r Cred-
                                                    adyn

adyn tlawd yn ymaflyd yn Nghrift ar Addewid
gyda Llaw egwan a dychrynedig, ydyw, y
mae'i Credadyn trwy lwyddiant Anghrediniaeth
lawer gwaith yn cael eu darfu mor ifel fel i lefain gyd a'r *Salmydd*, *A ddarfu ei drugaredd ef
tros byth? A angofiodd ef drugarhau? A lalla
ei Addewid ef yn oes oefoedd? *Sal. lxxvii. 7, 8, 9.
Ond bydded Cof gennych mae nid ei I fydd ef
oedd hyn, ond ei Wendid trwy lwyddiant ei
Anghrediniaeth, yi hon ac oedd yn gwneuthur
iddo ef i ammeu yn y modd hyn, canys pan y
caffo Ffydd ei rhyddhau oddiwrth Anghrediniaeth, ac iddi gael cyfodi ei Phen, a chennad
i lefaru ei phriodol Iaith, ei Thafod-iaith fydd,
ABBA DAD, Rhuf. 8. 15. ac yn ddiau ti yw
ein Tâd, ei nad edwyn *Abraham* ni ac na'n
cydnebydd *Ifrael*, Ti Arglwydd yw ein Tâd ni,
ein Gwaredydd, dy Enw fydd eiroed.

6. *Braich ammyn.ddgar a difgwiliadwy* iawn
ydyw, canys ni fryffia yr hwn a gredo, *Efay*
28. 19 Ffydd er ei bod yn cadarn gredu Cyflawniad yi Addewid, etto nid yw yn goiod
Terfyn i Sanct *Ifrael* o ran Amfer Cyflawniad,
Minneu a ddifgwiliaf am yi Arglwydd, fydd
yn cuddio ei wyneb oddiwrth Dŷ *Jacob*, ac
a wiliaf am dano ef, *Ifay* 8 17. Y Weledigaeth fydd tros Amfer gofodedig, am hynny
medd Ffydd, er ei bod yn oedi difgwiliaf am
dani, canys gan ddyfod y daw ac nid oeda,
Hab. 2 3. Nid yw Ffydd yn tynnu Cafcliadau byrbwyll neu ffromwyllt, o herwydd fod yi
Arglwydd yn cuddio neu yn oedi yn ei Ymweliadau, nag ydyw, eithi edrych y mae ai
Air ac Addewid Duw, gan feilfacni ei Hyder
yno, a dywedyd gyd a'r Eglwys, mi a edrychaf ar yr Arglwydd, difgwiliaf wrth Dduw fy
Iechyd-

Iechydwriaeth : fy Nuw am gwiendy, *Mic.*
vii. 7.

7. *Braich* ydyw Ffydd ac y ſydd yn *ym-
boithi,* y mae hi yn ymborthi ar Gelain y
Llew o Lwyth *Judah* ; ac yn hyn yn gyffelyb
i *Sampſon* yn cael Bwyd o'r Bwyttawr, a me-
luſter o'r Crŷf. Am hynny, fel ac y clyw-
ſoch uchod, ei bod yn cael ei galw tan yr Enw
Bwyta Cnawd ac yſed Gwaed Criſt ; ac yn yr
Olwg hon, y mae Criſt yn cael ei ddal allan i
ni yn y Sacrament ei Swpper Sanctaidd, Cym-
merwch bwytewch hwn yw fy Nghorph. Yr
oedd rhan o'r Aberthau gynt tan y Gyfraith
yn cael eu cadw i fod yn Ymborth i'r Offeiri-
aid, pan oedd y rhan arall yn cael eu lloſgi
ar yr Allor ; y mae'r Ffyddloniaid yn Offeiriaid
yſbrydol i Dduw, ac y maent yn byw ar yr
Allor, ac ar y bendigedig Oen Paſc yr hwn a
aberthwyd droſom ni.

8. Nid *Braich ſeguillyd* ond *Braich weith-
gar* ydyw. Yn wir yn y weithred o Gyf-
iawnhâd nid yw yn gweithio, ond yn unig yn
cymmeryd, neu yn Fraich orphwyſol, yma y
mae yn gyffelyb i Law'r Cardotyn yr hon ſydd
yn derbyn Eluſen, heb erioed weithio yn gorch-
wyl am dani. Mewn Cyfiawnhad y mae Ffydd
yn fath o offeryn derbyniedig ; ond mewn
Sancteiddhâd y mae Ffydd yn weithgar, neu
yn offeryn effeithiol ; y mae hi yn Fraich mor
weithgar mewn Sancteiddhâd fel ac y mae hi
yn puro'r Galon, ac yn gweithio, ac yn cyn-
hyrfu holl Raſuſau eraill yr Yſbryd ; y mae hi
yn gweithio trwy Edifeirwch, yn gweithio
trwy Obaith, yn gweithio trwy Amynedd, ac
yn gweithio trwy Ufudd-dod ; a Ffydd heb
Weithredoedd marw ydyw, fel ac y mae'r

C   Corph

Corph yn farw heb yr Yſbryd : Mewn Gair, y
mae'r holl Ufudd-dod Efengylaidd yn Ufudd-
dod Ffŷdd ; a'r Ufudd-dod hynny nad yw yn
tarddu oddiar Ffŷdd, nid ydyw ond Gweithred-
oedd meirwon, pa rai ni's gallant fod yn dder-
byniol gyda'r Duw byw.

9. *Braich* ydyw Ffŷdd, ac y ſydd yn *ymladd
ac yn rhyfela*, Heb. xi. 35. ſe ddywedir am y
Ffyddloniaid yno iddynt hwy trwy Ffŷdd gael
eu gwneuthur yn *gryfion mewn rhyfel* ; ie y mae
nid yn unig yn Fraich gref mewn rhyfel, ond
hefyd y mae yn Fraich iuddugoliaethus ; canys
hi a wna i Fyddinoedd yr Eſtroniaid i ffoi.
O herwydd fod Ffŷdd a'i phwys ar Fraich Holl-
alluog, y mae Bwa'r Credadyn yn aros mewn
Nerth, ac y mae Breichiau ei ddwylo yn dyfod
yn gryfion i ddryllio'r Bwaau Dur yn chwil-
friw. Trwy Ffŷdd yr ydym yn diffoddi Pic-
cellau tanllyd Uffern, ac yn ſathru ar Alluoedd
y Tywyllwch ; trwy Ffŷdd yr ydym yn gorch-
fygu'r Bŷd, gan oſod y Lleuad tan ein Traed.
Fe gymmer y Gràs godidog hwn o Ffydd Yſpail
Buddugoliaeth Criſt, ar Bechod a Satan, ar
Uffern a Marwolaeth i fynu, gan orfoleddu yn
ei Oruwchafiaeth ef, pan y byddo ym maes y
Fwydr ac yn debig i gael ei orchfygu gan y
Gelyn. Ond Diolch fyddo i Dduw, (medd
Ffŷdd) yr hwn ſydd yn ein gwneuthur ni
bob Amſer yn Goncwerwyr yn Nghriſt ein Pen
a'n Llywydd, y mae efe eiſioes wedi gorchfygu,
ac yr wyf finnau ynddo ef wedi gorchfygu hef-
yd ; Canys yr ydym ni yn fwy na Choncwerwyr
trwy yr hwn a'n carodd ni, *Rhuf* viii. 37.

Yn ddiweddaf, Y mae Ffŷdd yn *Fraich gad-
wedigol*, yr hwn a gredo a fŷdd gadwedig ; y
mae Cyd-glymiad anwahanedig wedi ei ſefydlu

gan

gan Arfaeth y Nêf, rhwng Ffŷdd ac Iechyd-
wriaeth, Jo. iii. 16. Fel na choller pwy byn-
nag a gredo ynddo ef, onid caffael o hono
Fywyd tragwyddol. Er nad oes yn wir ddim
cyd-glymiad *Achlyfurol*, etto y mae yn ddiam-
mau gyd-glymiad o Drefn. Ni ddichon Ffŷdd
lai na dwyn Iechydwriaeth gyda hi, gan ei
bod yn cymmeryd Crift Iechydwriaeth Duw yn
ei Breichiau, fel ac y gwelwch i *Simeon* wneu-
thur.

Y trydydd Peth a ofodwyd ger bron oddiwrth
y Pen Cyntaf, oedd ymofyn, pa fodd y mae y
Fraich hon o Ffŷdd yn cofleidio Crift. Yn y
cyffiedinol, yr wyf yn atteb, ei bod hi yn ei
gofleidio ef, yn dra chymmwys fel ac y mae
Duw yn ei gynnig ef trwy'r Efengyl. Y mae
amlwg Gydmariaeth rhwng y Cynnigiad ac y
mae Duw yn ei wneuthur o Grift, a'r modd ac
y mae Ffŷdd yn derbyn Crift; yr hyn a gaf
eglurhau yn y Pedwar Peth neilltuol a ganlyn.

Sef, Yn itaf, Y mae Crift yn cael ei gynnig
yn rhâd yn yr Efengyl, *Efay* lv. 1. *Dad* xxii.
17. Felly y mae Ffŷdd yn ei gofleidio ef
megis Rhâad Rodd Duw. Y mae Tueddiad
naturiol yn Nghalon Dŷn, i roddi rhyw beth
neu'r llall o'i eiddo ei hun mewn Ffordd o Gyf-
newidiad neu o Gydwerth am Grift, ac am y
Bendithion a burcafodd efe. Ni ddichon Na-
tur falch aros meddwl i fod mor ddaroftyngedig
i Dduw, ac i gymmeryd Crift ac Iechydwriaeth
ganddo heb roddi dim oll am danynt; ac am
hynny y mae'r hi yn waftadol am ddyfod a'r
Cymmwyfiad hwn a'r Cymmwyfiad arall yn ei
Llaw megis Gwerth iw haddafu i Grift. Rhaid
i mi, medd hi, fod mor edifeiriol, mor ifel,
mor lân, ac mor fanctaidd, cyn y delwyf at

Crift,

Grift; ac yna bydd groefaw im', ac yna efe a
faddeua im' ac fe'm gwaied i. Ond, O Fone-
ddigion, pa peth bynnag a dybioch am hyn,
nid yw ond Darn o'r hen Gyfammod Gweith-
redoedd, a'r un peth a phe byddai i Ddŷn ddyw-
edyd, rhaid i mi iachau fy hun cyn yr elwyf at
y Meddig; myfi yn gyntaf a olchaf fy hun,
cyn yr elwyf i'r Ffynnon ac fydd wedi ei ha-
goryd i Bechod ac i Aflendid. Gochelwch hyn,
canys Dichell gyfryws ydyw yn gwyrdroi y
Drefn ac y mae Duw wedi ei fefydlu yn y Cyf-
ammod Grâs, dyma yr Arian a'r Gwerth, y
mae efe yn ei wahardd i ni i ddyfod gennym
i'r Faichnad o râd Râs. Ond fe a ymhlefyma
Ffŷdd am werth aiall yn ei gwaith yn
cofleidio Crift; O! medd yr Enaid tlawd,
Pechadur clwyfus ydwyf o Wadn y Dioed hyd
Goryn y Pen, ac y mae hyn, yn fy nghymm-
mwyfo i at Feddig yr Eneidiau Pechadur ha-
logedig, du fel yr *Ethiopiad*, brychlyd fel y
Llewpard; ac am hynny af i'r Ffynnon noeth
ydwyf, ac am hynny myfi a gymmeraf y Wifg
wen a gynnigir i mi, i guddio Gwaith fy
Noethder: tywyll ydwyf, am hynny myfi a
gymmeraf yr Eli Llygaid, yr hwn a ihydd
Olwg i'r Deillion Fel hyn y mae Ffŷd yn
cofleidio Crift, megis ac y cynnigir ef yn ihâd.

2 Y mae Crift yn cael ei gynnig yn gyflawn
ac yn hollawl, ac felly y mae Ffŷdd yn ei gof-
leidio ef yn hollawl, hynny yw heb ei iannu.
Yn wîr yr wyf yn cyfaddef y mae Ffoad gynt-
af Ffŷdd at Grift yw fel ac y mae yn Waied-
wr, at Grift fel Offeiriad, yn cyflawni 'r Gyf-
raith, ac yn bodloni Cyfiawnder, a thrwy
hynny yn dwyn i mewn Gyfiawnder trag-
wyddol; dyma'r unig beth a ettyb Ddiffig ac
Angen-

Angenheidrwydd prefenol yr Enaid, tan deimladau ofnadwy o Gyfiawnder a Digofaint dialeddol, ac am hynny ymlaen y ffy am Noddfa yn y Weithred gyntaf o Grediniaeth. Ond yn awr, er bod Ffydd ar ei dechreu, yn pennu ar Grift fel Offeiriad, etto ar yr un pryd, y mae hi yn ei gofleidio ef fel Prophwyd, gan ymoftwng i'w ei Ddyfgeidiaeth ef, ac yn ymddaroftwng iddo fel ac y mae yn Frenhin, gan dderbyn ei Gyfieithau allan o'i Enau: *O^l medd yr Enaid, yr wyf yn ffolach na neb, ac nid oes ddyall dyn gennyf*; ond y mae gan y Gwaredwr hwn *drugaredd i'r Anghall, ac iddynt hwy fydd allan o'r Ffordd*: Efe a egyr y Llyfr, ac a ddettyd ei faith Sêl ef, ac am hynny myfi a eifteddaf wrth ei Draed ef i dderbyn holl Ddadcuddiedig Feddwl ac Ewyllys Duw oddiwrtho ef Carcharor a chaeth was i Uffern ydwyfi; Arglwyddi eiaill a lywodiaethafant arnafi, ond yn awr mi a foniaf am ei Enw ef· Efe yw fy Marnwr, fy Mrenhin, a'm Rhoddwr-Cyfraith, fef yr hwn am gwared. Fel hyn meddaf y mae Ffydd yn cofleidio Crift yn hollawl, neu bob rhan o hono. Nid oes dim o Grift, medd yr Enaid, a allaf fi ei adael heibio; rhaid i mi ei gael ef yn gyfan ôll, a'i gael yn gyfan fel fy eiddo i fy hun, fel fy Mrophwyd, fy Offeiriad, fy Mrenhin. Yn y fan hon y mae Ffydd y Rhagreithiwr, neu'r Crediniwr tros Amfer, yn dyfod yn rhy fyrr at Ffydd Etholedigion Duw. Y mae Rhagreithiwr yn rhannu Crift, neu yntau yn gwyrdroi Tiefn ei Swyddau ef, yn y Ffordd o'i dderbyn ef; naill y mae efe yn ei dderbyn fel Gwaredwr i'w ei gadw rhag Uffern yn unig, ond bwhwman y mae ynghylch ei dderbyn fel Brenhin i'w ei lywodraethu;

C 3

new

neu yntau eïe a gymmeï arno i ymddaroftwng
i awdurdod Crift fel Bienhin a Rhoddwr Cyf-
raith, ac a obeithia ar y Sail honno, y bŷdd i
Grift ei achub ef trwy ei Waed a'i Gyfiawnder,
iel ac y mae yn Offeiriad; ac felly trwy hynny
gwneuthur i fynu Amherffeithiwydd ei Ufudd-
dod cloff yr hyn yw, gofod *darn o Frethyn
newydd ar hen Ddilledyn, ac felly gwneuthur y
Rhwyg yn waeth.*

3. Y mae Duw yn cynnig Crift yn yr Efeng-
yl, yn dia chalonnog a ferchog; y mae ei Gal-
on megis pe b'ai yn myned allan ar ôl Pech-
aduriaid, yngalwad a chynnigiad yr Efengyl.
Amhoffibl yw meddwl am Eiriau mwy tynner
a ferchog nac, y mae efe yn eu llefaru trwy
ymddiddan a Phechaduriaid yn *Efec.* 33. 11.
Hof. 11. 8. *Efay* lv. 1, 2, 3. Yn awr meddaf,
megis ac y mae Duw yn cynnig Crift yn dra
chalonnog a ferchog, yn yr un gyffelyb fodd y
mae Ffŷdd yn ei gofleidio ef; y mae hi yn
cofleidio Crift yn hollawl, a'i holl Galon, a'i
holl Enaid; y mae'i Cariad, Llawenydd, Hyf-
rydwch, a Digriiwch yr Enaid yn rhedeg allan
ar ei ol ef, megis unig ganol-bwynt ei Or-
rhwysfa, ac y mae 'r Serchiadau hyn, megis
cynnifer o Gynhyrfiadau i Ufudd-dod Efengyl-
aidd, fel ac y gofodant holl Aelodau 'i Coiph
ar waith yn ei Wafanaeth ef; fel ac y bydd
y Pen i ymyfyrio am dano, a'r Dwylo i weithio
trofto, a'r Traed i rcdeg yn ei Orchymmynion,
a'r Tafod yn barod i amddiffin ei Achos.

4. Y mae Crift yn cael ei gynnig yn neilltu-
ol i bob Dŷn; nid oes un Enaid yn fy ngwran-
do yma heddyw, nad wyf yn Enw a thros y
Duw mawr, yn gwneuthur cynnigiad o JESU
GRIST iddo, megis pe byddai yn cael ei alw
                                    wrth

wrth ei Enw a'i Gyf-enw hefyd. Yn awr megis
ac y mae y Cynnigiad yn neilltuol i bob Dŷn
yn wahanol, felly y mae Ffŷdd yn cofleidio
Crift gyda neulltuol Cymmwyfiad i'r Enaid ei
hun. Pan yr wyf yn cofleidio Iachawdwr,
nid wyf yn ei gofleidio ef er Iechydwriaeth i
Ddŷn arall; nage, ond ei gofleidio yr wyf fel
Iachawdwr, i mi fy hun, a hynny er Iechydwr-
iaeth i'm Henaid fy hun yn neilltuol. Gochel-
wch fy Nghyfeillion, rhag y Ffŷdd gyffredinol
a addunedwyd iddi yn ein *Cyfammod Gwlad-
aidd, megis Canghen o Bahyddiaeth.* Cyffes
gyffredinol o Drugaredd Duw yn Nghrift, ac
o allu a Pharodrwydd Crift i achub pawb â
ddêl atto ef, ni's gall wafanaethu'r tro; na
all ddim, canys fe ddichon ac y mae y Diaflaid
a'r Gwrthodedigion yn gweithredol gredu hyn:
y mae yn rhaid gan hynny yn anhepcorol i fod
Cyffes a Chrediniaeth o hyn, gyda neilltuol
Gymmwyfiad o hono yn Enaid y Dŷn ei hun;
canys o's yw Trugaredd Duw yn Nghrift i
gael ei chynnig i bob Dŷn yn neilltuol, yma
yn ddiau y mae Ffŷdd, yr hon fel ac y dywed-
ais uchod, ei bod fel Adlais yr Enaid i Alwad
yr Efengyl, y mae'n rhaid ei bod yn cofleidio
Crift a Thrugaredd ynddo ef gyda Chym-
mwyfiad neilltuol atto ei hun, oddieithr hyn
nid yw yn Atteb i Gynnigiad Duw, ac am
hynny yn ganlynol ni's dichon hi fod o Nat-
uriaeth gadwedigol, Cymmaint a hyn am y
Pen Cyntaf cyffredinol a afodwyd ger bron yn
Eglurhâd yr Athrawiaeth.

Yr AIL BEN.

Yr Ail Beth a ofodwyd ger bron oedd, dal
Sylw ar rai o'r Caniadau hynny, pa rai fy mor

fuan

fuan yn llenwi yr Enaid a'r Genau o Fawl, pan
y byddo megis *Simeon*, yn cael cofleidio Crift
ym Mreichiau Ffŷdd. Fe ddywedir wrthym,
fod *cyflawnder o bob Llawenydd a Thangneddyf
gan gredu*, ie, *Trwy Ffydd yn yr anweledig
Grift*, y mae'r Enaid yn cael ei lanw a Llaw-
enydd anrhaethadwy a gogoneddus¹ a phan y
mae Cyflwr yr Enaid fel hyn ni's dichon lai
na moliannu Duw, megis ac y gwnaeth *Simeon*,
ac i dywallt allan ei Galon yn y cyffelyb Gan-
iadau o Fawl. Yn

1taf, Ni ddichon lai na moliannu Duw am
ei Gariad dewifiol a thragwyddol. Y mae'r
Ffŷdd fy'n cofleidio Crift yn cynnorthwyo yr
Enaid i olrhain Ffrydiau'i tragwyddol Gariad
i'w eu Ffynnon ddechreuol, ac i ddarllain ei
Enw ei hun yn Llyfr y Bywyd, ymhlith y
Bywolion yn y *Jerufalem* uchod. O, bendi-
gedig fyddo Duw, medd yr Enaid i mi refynol,
i mi Ddŷn truenus, i fod ar ei Galon cyn gofod
Seilfeini 'r Bŷd. Gogoniant i Dduw yn y gor-
uwchafion, yr hwn a'm tynnodd a Thrugar-
edd; oddiwrth yr hyn y gwn iddo ef fy ngharu
â Chariad tragwyddol.

2. Pan y byddo'r Enaid yn y fath nefol
Hŵyl, ni's gall lai na bendithio Duw am Grift,
a'i Gariad prynedigol trwyddo ef, gan ddywed-
ud gyda'r Apoftol, " Diolch i Dduw am ei
" Ddawn anrhaethol; Gogoniant iddo yn y
" goruwch-leodd; i fod Mâb wedi ei roddi i
" ni, a Bachgen wedi ei eni i ni, a'i Enw Rhy-
" feddol, Cynghorwr, Tâd tragwyddoldeb,
" Duw cadarn, Tywyfog Tangneddyf." Ac
yna pan y byddo'r Enaid yn golygu y Lliaws
o Fendithion ac fy'n dyfod gyda Chrift, ni's
gall beidio cyd-uno a'r Apoftol yn ei Ddiolch-
garwch.

garwch buddugoliaethol, *Eph.* i. 3. gan ddyw-
edyd, " Bendigedig fyddo Duw a Thâd ein
" Harglwydd Jefu Grift, yr hwn a'n bendith-
" iodd ni a phob Bendith yfbrydol yn y ne-
" folion-leoedd yn Nghrift." Yma myfi en-
waf, ychydig o'i aneirif Fendithion ac fy'n
dyfod gyda Chrift, am y rhai y bydd yr Enaid
yn bendithio Duw yn dra hwylus, yn y modd
a giybwyllwyd. Yn itaf, O bendigedig fyddo
Duw medd yr Enaid, am mae yn Nghrift y
daeth efe i fod yn Dduw i mi, fef fy Nuw i.
Yr oeddwn unwaith heb Dduw yn y Bŷd;
ond O ! pa fath Dro happus yw hwn ? Yn awr
y gallaf edrych arno ef yn Nghrift, a dywed-
yd, Fy Nuw, fy Nhâd, a Chraig fy Iechyd-
wriaeth, a Rhan fy Phiol ; ac am hynny y
mae fy Llinnynau wedi fyrthio mewn Lleoedd
hyfryd, ac y mae i mi Etifeddiaeth dêg.

2. O¹ bendigedig fyddo Duw, medd yr
Enaid, yn Nghrift y mae y Fiawdle danllyd
wedi dyfod yn Orfeddfaingc Trugaredd, trwy
ei Ufudd-dod a'i Farwolaeth ef, y mae'r Gyf-
raith a Chyfiawnder wedi cael eu perffaith
fodloni, a Ffordd wedi ei gwneuthur i Emerod-
raeth oruchel rhâd Râs · Ac felly yn awr, *Y*
mae Gras yn teyrnafu trwy Gyfiawnder i Fywyd
tragwyddol, trwy Iefu Grift ein Harglwydd,
Rhuf. v 21. Ac fel ac y mae Ewyllys Duw
yw, bod Giâs yn teyrnaffu, felly y mae Dym-
muniad fy Enaid innau, i wneuthur ei Enw ef
yn goffadwriaethol ymhlith pob Cenedl. O !
bydded i râd Râs i wifgo'r Goron, ac i lywod-
raethu yr Deyrnwialen yn oes oefoedd, a
bydded i holl *Haleluiau* y Tŷ uchod i fod *Yn*
Fawl Gogoniant ei Ras ef.

3. O !

3. O ! bendigedig fyddo Duw, medd yrEnaid,
yn Nghrift y mae efe wedi dileu fy holl An-
wireddau, *megis Niwl, ac megis Cwmmwl tew.*
Yr oedd Cwmmwl o Bechod yn llawn Digof-
aint yn ciogi uwch fy Mhen, ond yn Nghrift
mi a'i gwelaf yn gwafgaru; *Y mae i mi Bryne-*
digaeth trwy ei Waed ef, fef Maddeuant Pechod-
au; ac am hynny O ! *Enaid bendithia yr Ar-*
glwydd, a Chwbl o'm mewn, bendithia ei Enw
fanctaidd ef, yr hwn fy'n maddeu dy holl Ddrwg.

4. O ! bendigedig fyddo Duw, medd yr
Enaid, yn Nghrift yr wyf wedi ym bendithio
a bendith dragwyddol ac a ddeddf-rwymedig
Gyfiawnder; Crift fy myth-fendigedig Feich-
iau a *wnaethpwyd tan y Ddeddf,* a'i mawrha-
odd ac a'i gwnaeth yn anrhydeddus; ac y mae'r
Arglwydd wedi ei lwyr fodloni yn ei Gyfiawn-
der ef; ac ynddo ef, a thrwyddo ef " Y cyf-
" lawnwyd Cyfiawnder y Ddeddf ynnofi; ac
" am hynny mýfi a fawr lawenychaf yn yr
" Arglwydd, fy Enaid a orfoledda yn fy Nuw,
" yr hwn a'm gwifgodd i a Gwifgoedd Iech-
" ydwriaeth, gwifgodd fi a Mantell Cyfiawn-
" der, megis y mae Priod-Fab yn ymwifco â
" hardd Wifg, ac fel yr yr ymdrwifia Priod-
" Ferch a'i Thlyffau," *Efay* lxi. 10.

5. O ! bendigedig fyddo Duw, medd yr En-
aid, yn Nghrift y daeth efe i fod yn Dâd i'r
Amddifaid, ac a'm bendithiodd i Bendith y
Mabwyfiad. Mi a allaf felio trwy fy Mhrofiad,
Mae ynddo ef, y mae'r Amddifaid y cael Tru-
garedd. Yr oeddwn megis Plentyn wedi ei
adael yn farw ar Wyneb y maes, ac megis
Baban digynnorthwy, ond " y Tâd tragwydd-
" ol am cymmerodd i, i fynu, ac â rhoddodd
" i mi Enw tragwyddol yr hwn ni's torrir
" ymaith.

" ymaith. Gwelwch y fath Gariad a roes y
" Tad arnaf, fel i'm gelwyd i yn Fâb i Dduw?
1 *Jo.* iii. 1.

6. O' Gogoniant i Dduw, medd yr En-
aid, am Ddrws agored o Ddyfodfa i'r Cyffegr,
trwy Waed yr Iefu. Y Drws unwaith a gae-
wyd ac a folltwyd yn fy erbyn i a holl Hiliog-
aeth *Adda* trwy Dorriad y Cyfammod cyntaf;
ond yn Nghrift fe agorwyd drachefn, fel y
" gallem ni neffau yn hyderus at Orfedd-faingc
" y Grâs, am Râs a Thrugaredd yn gymmorth
" cyfamferol:" Y Duwdod mewn Cnawd yn
awr yw'r Ffordd at Dduw ac i Ogoniant. Myfi
allwn ddywedyd ymhellach i chwi amryw yn
chwaneg o'r Bendithion fy'n dyfod gyda Chrift,
am y rhai y bydd yr Enaid yn barod i foli-
annu Duw, pan y byddo yn cael Crift ym
Mreichiau ei Ffydd, ond ni bydd i mi fefyll
arnynt, ond gadael y Pen hwn heibio trwy en-
wi i chwi ddau neu dri o'r Caniadau yfbrydol,
yr rhai yn ddiau a gydgyfarfyddant yn y fath
Gyflwr, 1 *Pedr* i. 3. " Bendigedig fyddo Duw
" a Thâd ein Harglwydd Iefu Grift, yr hwn
" yn ol ei fawr Drugaredd a'n hadgenhedlodd
" ni i obaith bywiol, trwy adgyfodiad Iefu
" Grift oddiwrth Meirw, &c." Un arall a
welwch, *Rhu.* 8. 33. ac yn y blaen hyd ddiw-
edd y Bennod, *Pwy a rydd-ddim yn erbyn Ethol-
edigion Duw, &c.* A'r trydydd a welwch yn
1 *Cor.* xv. 55, 56. *O Angau! pa le y mae dy
Golyn? O Uffern! pa le y mae dy Fuddugol-
iaeth, &c.* Ac arall a welir gyda 'r hon, y
caf adael heibio yr Pen hwn, ar ba un y mae
yr Bibl yn Terfynu, *Dad.* xxii. 20. *Yn wir
tyred Arglwydd Iefu.*

Y

Y TRYDYDD PEN.

Y trydydd Peth a ofodwyd gei bron, oedd ymofyn pa fodd y mae y Ffŷdd hon ac fydd yn cofleidio Crift, yn gwneuthur hynny fef llenwi'r Genau o Fawl?

Atteb yn itaf, Y mae hyn yn tarddu oddiar y Siccrwydd ac fy mewn Ffŷdd. Nid Gràs ofnog ag amheuol ydyw Ffŷdd, nage, eithr fe ddiflanu ofnau ac Amheuon oi blaen, megis ac y diflana Niwl a Thywyllwch Nos ar ymddangofiad yr Haul; ac y mae Siccrwydd Ffŷdd yn tarddu oddiar Ddiogelwch y Seilfeini ac y mae hi yn adeiladu arnynt, pa rai fydd fwy diyfgog na Cholofnau'r Nefoedd, a Seilfeini 'r Ddaear, y mae hi yn adeiladu ar Air Duw, Llŵ Duw, Gwaed Duw, Cyfiawnder Duw, Gallu Duw, Anghyfnewioldeb Duw; a chan ei bod yn adeiladu ar y fath fefydlog Sail, pa fodd y dichon lai na bod ynddi Siccrwydd pri-odoliaethol, mewn rhyw feffur, o heiwydd y Seilfeini arba rai y mae yn fefyll? Ac oddiyma y mae yn tarddu, ei bod yn llenwi 'r Genau o Fawl. Bydded newydd mor dda ac y mynno, etto oddieithr bod gennym ni Siccrwydd yn ein Crediniaeth o'i herwydd, fef ei fod yn Wirionedd, y mae hynny, yn mhell iawn yn attal ein Llawenydd a'n Diddanwch: ond yn awr Newyddion da yr Efengyl nid ydynt yn Adroddiad hedegog anfertennol, nag ydynt, oblegid y digelwyddog D U W a'i llefarodd hwynt, ac oddiyma y mae Siccrwydd Ffŷdd yn tarddu.

2 Y mae hyn yn tarddu oddiar gym-mwyfiadol a phriodoliaethol Natur Ffydd, am

yr

yr hyn y crybwyllais ychydig yn fyrr eisioes. Bydded Newydd mor wir ac y dichon fod, ei mor fawr ac ei cystal y byddo, etto o's na bydd gennym ni na Hawl na Gofal o'i blegid, y mae hynny yn diflasu y Melusder a'r Cyssur sydd ynddo. Dywedwch wrth Ddyn tlawd am Fynyddoedd o Aur ac Arian, pwy gyssur a rydd hynny iddo ef, os na bydd iddo ef gael dyfodfa a Rhydd-did i fyned attynt, neu heb Hawl ynddynt? Ond dywedwch wrtho i fod yr holl Dryforau hynny yn eiddo ef, a'i fod wedi cael Gorchymmyn a Gwarant y Perchen i'w eu cymmeryd a'i defnyddio hwynt fel ei eiddo ei hun, hyn a'i mawr lawenha ef yn wir. Dywedwch with Ddyn chwant bwydog a newynllyd am Wledd neu Windy cyflawn, pa beth yw hynny iddo ef, os na chaniateir iddo i brofi o honynt? Dywedwch with Ddyn cwbl noeth, ac a fyddo yn agored i Sarhàd y Gwyntoedd a'r Tywydd, am Wisgoedd gwychion a Dillad rhagorol, pwy leshàd wna rhei'ny iddo, os na byddant ar ei fedi, neu iddo i gael eu defnyddio hwynt? Ond dywedwch with y y Newynog fod y Wledd wedi ei Pharatoi ar ei fedr ef, ac wrth y noeth i fod y Gwisgoedd wedi paratoi ar ei fedr ynteu, fe grea hyn Lawenydd a Gorfoledd ynddynt. Felly ymma nid yw Newyddion da 'i Efengyl ddim yn dywedyd wrthym am Iachawdwr ac Iechydwriaeth, ac nad oes gennym Hawl i w eu credu hwynt; nag yw, eithr hi a ddywed wrthym, mae "At-
"tom ni yr anfonwyd Gair y Iechydwriaeth
"hon, a i fod wedi ei wneuthur i ni gan
"Dduw yn Ddoethineb, yn Gyfiawnder, yn
"Sanćteiddrwydd, ac yn Brynedigaeth;" ac
fel Pen Tryforwr y Nefoedd, "Efe a ddeibyn-

D   "iod!

" iodd Roddion i Ddynion, ie i iai Cyndyn
" hefyd ' Yn awr, y mae Ffydd yn ganlynol
yn cymmwyfo yr holl Newyddion da hyn, a'r
Iachawdwr hwn, a'r holl Iechydwriaeth atti
ei hun yn neilltuol, ac oddiyma y mae yn
tarddu, fod y Galon yn cael ei llenwi o Llaw-
enydd, a'r Tafod o Fawl.

3. Y mae hyn yn tarddu oddiar Siccrwydd
teimladwy o Gariad Duw, ac o'i Gras a'i Iech-
ydwriaeth, y rhai fy'n gyffredinol yn canlyn
ar ol credu; fel ac y gwelir yn, *Eph.* i. 13
Wedi i chwi gredu y'ch felhwyd trwy lan Yfbryd
yr Addewid. Y mae Siccrwydd o Deimlad, yr
hwn fydd yn fynych yn cydgymdeithiafu neu
yn canlyn Siccrwydd Ffydd, megis ei Frwyth
naturiol, ac etto nid o'r Natur a'i Hanfod o
honi, oblegid fe a ddichon fod gwin Ffydd lle
nad yw'r pelydr profiadol hwn o Siccrwydd
Gras ac Iechydwriaeth. Y mae Siccrwydd Ffydd
wedi ei adeiladu ar Air Duw, Tyftiolaeth
Duw, ac Addewid Duw, yr hyn yw credu,
oblegid mai Duw a'i llefarodd, *Sal.* lx. 6, 7
Efe a wnaeth Addewid i *Ddafydd* o Deyrnas,
" Duw a lefarodd yn ei Sancteiddiwydd, ele
" ef, mi a lawenychaf," ac yn Ffydd Gair yr
Addewid hon, y mae yn dywedyd gyda'r fath
hyder a phe buafai eifioes mewn meddiant,
eiddo fi yw *Gilead,* eiddo fi yw *Manaffeh,* &c.
Ond Siccrwydd Teimlad yw'r adnabyddiaeth,
ein bod wedi credu, neu fod yr Enaid yn ol-
edrych ar ei waith ei hun yn credu Y mae
Siccrwydd Ffydd yn gyffelyb i Siccrwydd fydd
gan Ddyn am ei Arian mewn *Bond,* neu
Siccrwydd fydd ganddo am ei Diroedd mewn
Braint-fcrifen dda a diamheuol. Y mae yn
gorphwys ar ei *Fond* a'i Fraint-fcrifen fel Meich-

iau diogel. Y mae Siccrwydd Teimlad yn
gyffelyb i'i Siccrwydd fydd gan Ddyn am ei
Allan, pan y byddo yn eu trin a'i Fyffedd,
neu yn derbyn i mewn ei Renti. Trwy Siccr-
wydd Ffydd y credodd *Abraham*, heb ammeu
dim, oblegid fod ganddo Air ac Addewid Duw
am dano, ond trwy Siccrwydd Teimlad yr ad-
na'ai, pan y gwclodd *Sa a* wedi efgor ai ei
Fab *Ifaac*, a phan catodd efe ef yn ei Freichiau.
Yn awr, meddaf, y mae Ffydd yn gyffredinol
yn dwyn gyda hi Siccrwydd teimladwy, melus
a bywiol Brofiadau o Ganad yr Arglwydd i'n
Henaidiau; a'm hynny mae'n dyfod fod ein
Geneu yn cael ei lenwi o Fawl.

Y PEDWARYDD PEN.

Y pedwarydd Peth a ofodwyd ger bron oedd,
Cymmwyfiadau yr Athrawiaeth A'r Defnyd i
cyntaf fydd Ddefnydd o Amlygiad. Y mae'r
Athrawiaeth hon yn amlygu i ni. Yn

i *taf*, Odidawgrwydd y Grâs o Ffydd; ni's
gall lai na bod yn Râs tra godidog, o herwydd
ei bod yn cofleidio Crift gwerthfawr. Oddi-
yma y mae fod Duw yn gofod y fath Weith-
fawrogrwydd arni, fel nad yw efe yn gwneuth-
ur cyfiif o un peth ag a wnelom ni o's y Grâs
o Ffydd a fydd yn eifiau; ' Heb Ffydd am
" mhofibl yw rhyngu bodd Duw; a pheth
" bynnag nad yw o Ffydd, Pechod yw". Yr
tyriwch pe byddai yn bofibl i Ddyn gyrhaedd-
yd i'r fath uwchder mewn Moefoldeb, a'i fod
mewn peithynas i'r Ddeddf yn ddiargyhoedd:
etto nid yw ei holl Ufudd-dod moefol a chre-
fyddol, ond megis peth Gwag ynghyfrif Duw;
'e y maent yn gyffelyb i dorrfynyglu neu doiri
Gwddr

Gwddf Ci, ac megis pe aberthid Gwaed Moch
ar Allor Crift, os bydd y Gras o Ffydd yn
eifiau Fel hyn meddaf, y mae Ffydd yn Ras
tra godidog ac o Angenheidiwydd anhepcorol
mewn trefn i ni fod yn dderbyniol gyda Duw,
byddwch ofalus i gofio yma, mai nid Gweitl
red Ffydd, ond y Gwrthddrych gogoneddus a r
tra bendigedig Iefu Grift, yr hwn ac y mae hi
yn ei gofleidio, fydd yn ein gwneuthur ni yn
dderbyniol gyda Duw Yn y Pwngc o Gym-
meradwyad, y mae Ffydd yn ymwithod a'i
Gweithredoedd ei hun, ac yn ediych am "fod
" yn Deilwng yn yr Anwylyd yn unig, mae
" hi yn Llwenhau yn Iefu Grift yn gyfan
" gwbl, heb ymddyried yn y Cnawd "

2. Gwelwch oddiwrth yr Athrawiaeth hon,
y fath Greadur gwynfydedig a rhagorfreintiol
yw'i Credadyn, y mae efe yn cael Crift Oen
Duw ym mynwes ei Enaid. Ac O! beth a
ddichon y Galon fwya chang, neu Enaid Dŷn
ddewis yn rhagor? Dyma i un Peth ac oedd
Dafydd yn chwennych, *Sal* xxvii. 4. Ni
Ddarllenwn am un yn yr Efengyl, ac a ddyw-
edodd wrth Grift, " Gwynfyd y Groth a'th
" ddug di, a'r Bronnau a fugnaift, ' i hyn yr
attebodd Crift, " ie yn hytrach gwynfyd y rhai
" fydd yn gwrando Gair Duw ac yn ei gadw,"
Luc xi. 27, 28. A phwy ydyw 'r rhei'ny ae
fydd yn gwrando Gair Duw, ac yn ei gadw,
ond y rhai Crediniol, y rhai ac y mae efe wedi
ffurfio ei hun yn ei Calonnau, a chwedi cael
gafael arno ym Mreichiau Ffydd? canys yr
hwn fydd a hyn ganddo, y mae'i Mâb ganddo.
ac y mae Bywyd ganddo. Mewn perthynas i r
cyfryw rai gallaf ddywedyd, megis ac y dyw-
edodd *Mofes* mewn perthynas i Bobl Ifrael,
Deut.

Deut. xxxiii. 29. *Gwynfydedig wyt, O Ifrael*
pwy fydd megis ti o Bobl gadwedig gan yr Ar-
glwydd? Deliwch fylw ar y Geiriau, yr oedd-
ent yn Bobl ac oedd eifioes yn gadwedig, yr
oedd ganddynt Fywyd tragwyddol; y Dŷdd
hwnnw ac y mae Crift yn dyfod i mewn i'r
Galon, y mae Iechydwriaeth Duw yn dyfod i
mewn megis ac y dywedir am *Zaccheus, Hedd-*
yw y daeth Iechydwriaeth i'th Dŷ di.

3. Gwelwch oddiwrth yr Athrawiaeth hon
y wir Ffordd i wir Lawenydd a Chyffur; yf-
catfydd fe ddichon fod yma ryw Enaid tlawd
yn myned tan alaru heb lewyich yr Haul arno,
gan ddywedyd, O na bai gyda mi, megis ac yi
oedd yn y Mifoedd a aethant heibio; un waith
yn fy Nydd meddyliais y gallafwn ddywedyd,
Fod Canwyll yr Arglwydd yn llewyrchu ar fy
Mhen, ond, och immi! yn awr fe drodd yr
Awel, y mae y Diddanydd a ddiddanai fy En-
aid ymhell oddiwrthyf, Pa fodd yr adnewyddaf
fy Llawenydd arferedig yn yr Arglwydd? O,
dyma i chwi y Ffordd iddo, ewch allan oddi-
arnoch eich hunain, trwy union-gyrch Weith-
red Ffydd; cymmerwch Grift o newydd yn
Mieichiau eich Enaid ar alwad a chynnigiad
Rhâd yr Efengyl, a chyda *Simeon* chwi a wneir
i fendithio Duw. Llong Ddrylliad Cyfuion
Pobl yr Arglwydd yn ein Dyddiau ni yw, eu
bod yn parhau i ymbalfalu ynddynt eu hunain,
ar eu Grafufau, ar eu Tymmerau, ar eu Profi-
adau, a'i Cyrhaeddiadau, heb fyned allan trwy
Ffydd i Gyflawnder y Pryniawdwr am gyr-
orthwy   A chyhyd ac y byddom ni yn gwn-
euthur felly, cyffelyb iawn ydym i'r Morwyi
ar y Mor, tia byddant yn hwylio ar Ddwfr
liel agos i'r Tir, y maent yn waftadol yn ofni

taro

taro wrth Graig, neu redeg ar y tywod, oblegid
eu bod mewn eifiau dyfnder Mor; ond pan
gyntaf y cyrrhaeddant allan i'r Cefn-Fôr mawr,
y maent yn cael eu gwaredu o'u Hofnau, am eu
bod ymhell uwchlaw'r Tywod a'r Creigydd:
Felly tra byddo'i Credadyn yn aros rhwng y
Dyfroedd ifel o'i Rafufau, a'i Ddyledfwyddau,
a'i Brofiadau, a'i Dymmerau, ni's dichon lai na
bob mewn Perygl o Ofnau gwaftadol, o her-
wydd nid yw'i Dyfroedd o ddwyfol Râs ond
gwrth-lifo, neu yn tieio, cyhyd ac y fafom
rhwng y Pethau hyn; ond pan tiwy Ffŷdd y
nofiom i maes i'i Llawn-For mawr o'r Gras
fy yn Nghrift, yna diflana yi Ofnau, a'i Am-
heuon, a'i Petrufderau Y mae'r Enaid yn
cael ei gyfodi uwch eu llaw, yn gadain, nid
yn y Grâs creadigol fydd ynddo ef ei hun, ond
yn y Grâs fydd yn Nghrift Iefu, yn yr hwn
y mae holl Gyflawnder y Duw-dod yn prefwylio.
Felly meddaf, o's ydych am fyned uwch law
eich Ofnau, ac i adnewyddu eich Llawenydd
a'ch Cyfuion yn yr Arglwydd, ymrowch i
fyw trwy Ffŷdd ar Fâb Duw; canys *trwy gredu
ein llenwir a Llawenydd a Thangneddyf.*

4 Oddiwrth yr Athrawiaeth hon gallwn
gafglu, pa fath Lê hyfryd fydd y Nefoedd,
yma le bydd yr Enaid i gael byw ym Mreichiau
Crift yn diagwyddol. Os yw Calon y Criftion
yn cael ei hadnewyddu yn awr fel ac y clywfom
pan y mae yn cael cofleidio Crift tiwy Ffŷdd
yn ei Freichiau, pwy fath anorchfygol Lifeir-
iant o Lawenydd fydd llifo ar ei Enaid, pan y
dêl efe i Fwynhâd digyfrwng, lle ni ddaw
Cwmmwl fyth i attal Pelydrau Haul y Cyfi-
awnder oddiwrtho tros oefoedd anheifynol
Tragwyddoldeb. Nid Rhyfeddod yw, fod llais
Credadyn weithiau yn torri allan yn y fath
fodd

fodd Hiraethlon, pan y byddo yn meddwl am
y Mwynhâd digyfrwng o hono, megis *Paul*,
" Mai arnaf chwant ymdattod ac i fod gyda
" Chrift, canys llawer iawn gwell yw."

Yr Ail Ddefnydd a fydd yn Ddefnydd o
Brofiad. Foneddigion, chwi fuoch yn y Deml
y Dŷdd heddyw ; minneu a ofynaf i chwi, A
welafoch chwi y *Mesfiah* yr Arglwydd yno ?
A gawfoch chwi efe, megis ac y cafodd *Sime-*
on ef ym Mreichiau eich Ffŷdd ? O ! medd-
wch chwi, pa fodd y gallwn wybod pa un ai
cawfom ni ef erioed a'i peidio yn ein Breich-
iau ? Er Attebiad, cymmerwch y Pethau can-
lynol megis Nodau. Yn

itaf, Os darfu i chwi erioed gofleidio Crift,
y mae Chrift yn gyntaf wedi eich cofleidio
chwi ; o herwydd y mae cofleidio cyfnewidiol
rhwng Crift a'r Credadyn, a'r dechreuad fydd
o du Crift, efe yn gyntaf fydd yn cymmer-
yd gafael trwy ei Yfbryd yn yr Enaid,
cyn y byddo i'i Enaid gymmeryd gafael ar-
no ef trwy Ffydd, *Phil.* iii. 12. " D'lyn yr
" wyf fel gallwyf ymaflyd yn y peth hwn hef-
" yd yi ymaflwyd yno gan Grift Iefu." O !
medd yr Enaid, yr oeddwn yn ciwydro fel
Dafad gyfrgolledig ym mhlith Mynyddoedd
Gwagedd, myfi a aethym i Wlâd bell gyda'r
Mâb afiadlon, ac ni feddyliais erioed am Grift,
hyd oni ddaeth efe trwy ei oruchel Râs i'm dal
a'm tynnu a Rhaffau buddugoliaethol ei Gariad
a'i Râs, ac yna fy Nghalon a gymmerodd afael
a hawl yndo. Ni ddaeth Enaid erioed etto yn
iawn i gredu yn Nghrift, nad yw, yn barod i
gyfaddef, mai nid Ewyllys-rhydd, ond rhâd
Râs a ddechreuodd y Gwaith. " Ni ddaw neb
" attafi oddi-eithr i'm Tâd yr hwn a'm han-
" fonodd i ei dynnu ef."

2. Os

2. Os ydych wedi cofleidio Crist erioed trwy
Ffydd, yr ydych wedi cael eich gwneuthur i
ymadael a phob Canadau eraill; *Ephraim a
ddywed pa beth fydd i mi rwyach a wnelwyf ac
Eulunod?* Yn neilltuol, chwi a wnaethpwyd
i ymadael a'r Ddeddf, megis Priod, *Rhu.* vii. 4.
" Chwithau ydych wedi meirw i'r Ddeddf trwy
" Gorph Crist, fel y byddoch eiddo un arall,
" fef eiddo yr hwn a gyfodwyd o feirw." O,
Foneddigion! Gwaith mwy anhawdd nag y
mae llawer yn ei feddwl, yw gwneuthur Ymgar
rhwng y Pechadur a'r Ddeddf, ag felly ei
wneuthur ef i ymwrthod a phob Gobaith am
Iechydwriaeth a Chyfiawnder yn y Ffordd
honno. Llawer hawsſch yw tynnu ei Diach-
wantau allan o'i Freichiau, na thynnu'r Ddeddf
allan o'i Fynwes rhag bod yn briod iddo, a'i
Rheſwm o hyn ſydd eglur, o herwydd bod y
Ddeddf yn addaw Bywyd i'r rhei'ny a ufudd-
haont iddi, *Yr hwn a wnel y Pethau hyn a fydd
byw ynddynt,* yr hyn beth ni's gall Pechod a
Thrachwant mo i wneuthur, o herwydd eu
bod yn dwyn argraph Uffern a Digofaint Duw
yn weledig arnynt, a hynny i Lygad Cydwybod
naturiol. Felly llawer haws yw argyhoeddi
Dŷn, mai drwg yw ei Bechod, na'i argyhoeddi
o fod ei Gyfiawnderau felly hefyd, am hynny
y mae Crist yn dywedyd wrth y *Pharifaid,*
grefynol Hunain-gyfiawn hynny, yi ai r Pub-
licanod a'i Puteiniaid i mewn i Deyrnas Dduw
o'u blaen hwynt Y mae'r Publicanod a'r Put-
einiaid yn gorwedd yn fwy agored i Saethau
llymmion Argyhoeddiad, na'r Dynion Hunain-
gyfiawn, pa rai ſydd yn gwneuthu Amddi-
ffynfeydd o'r Ddeddf ei hun a'u Huiudd-dod
iddi, tu hwnt i'r hon y gorweddant fel mewn
llochefau,

llochetau, i'w eu diogelu rhag yr holl Fell-
dithion a'i Bygythion ag y mae'r Gyfraith yn
gyhoeddi yn eu herbyn Hwy barhant i gym-
meryd y Gyfraith yn gyfeilles iddynt, tra yr
ufuddhaont iddi orau ag y gallont , heb erioed
gredu nad oes dim a fodlona'r Gyfraith onid
perffaith Ufudd-dod ac sydd yn mhob modd
yn Gyfiawn holl Ond yn awr meddaf, os
erioed y cofleidiafoch chwi Grist fe wnaeth-
pwyd yfgar rhyngoch a'r Ddeddf fel Cyfam-
mod, ac a'ch Cyfiawnderau trwyddi hi, a'u
cyfrif megis Bratiau budron, gan ddywedyd
gyda *Paul*, " Myfi trwy Ddeddf ydwyf wedi
" marw i'r Ddeddf." Ar yr un pryd, ac y
mae'r Enaid yn ymadael a i Gariad at y Ddeddf,
i'w ei chofleidio fel Priod, y mae hefyd yn ym-
adael a phob Cariadau eraill. Fe wna yr Olwg
gyntaf trwy Ffydd ar Grist, i'r holl Sêr gwreich-
ionnog greadigol Fwynhâd ddiflanu a thywy-
yllu; felly yr Enaid a gydfynia gyda *Dafydd*
Sal. lxxv. 27. Pwy fydd gennyf fi yn y Nef-
oedd ond tydi, &c.

3. Os bu Crist erioed ym Mieichiau dy
Enaid, ti a elli ei adnabod oddiwrth ei
Gyd-ganlyniadau, yr Hiraeth am undeb ag
ef, ac oddiwrth yr Effaith o hono: pa rai ni
bydd i mi sefyll arnynt, ond yn unig, hyn o
Eiriau, fel y byddo eich Anwyldei am Grist i
gael ei adfywio, Canys i chwi y rhai sydd
yn credu y mae yn urddas · eich Cariad a fflam-
iau tuag atto, Canys mae Ffydd yn gweithio
trwy Gariad · Fe gynnydda eich Llawenydd
a ch Heddwch, Cans, trwy gredu yr ydym yn
llawenhau a Llawenydd anrhaethadwy a Go-
goneddus Fe gynnydda Sancteiddiwydd Cal-
on, Canys y mae Ffydd yn puro'r Galon · Ac

mewn

mewn Gair eich Enaidiau a wnant eu hymffioli
ynddo ef, o herwydd Ynddo ef y cyfiawnheir
ac y gogoneddir holl Hâd *Iſrael*

Y mae'r Trydydd Defnydd yn Ddefnydd o
gyngor i bawb yn gyffredinol. Foneddigion,
cyn y byddo i ni ymadael y Dawe dydd hwn,
myfi ddymunwn fod pob un ac ſy'n fy nghyd-
lywed, yn myned tu a thref a'r Meſſiah mawr,
Mab Duw ym Mreichiau a Mynweſau eu Hen-
eidiau, ac yna ſicer wyf yr ewch oddiyma tan
fendithio Duw i chwi eriocd ddyfod i'r Lle
hwn. Y mae yn rhaid i ni ymdrin a chwi
fel Creaduriaid rheſymmol a'ch cynghori mewn
Ffordd foeſol; a thra byddom yn gwneuthur
felly, edrych ddylem i fynu at Dduw am Gyd-
fynediadol Effeithiolaeth ei Sanctaidd Yſbryd
ef, priodol Waith pa un yw prefwadio a chyn-
northwyo Eneidiau i gofleidio Ieſu Griſt, fel
ag y mae yn cael ei gynnig yn yr Efengyl; o
herwydd pa ham, mewn Ffordd o Anncgreth,
Yſtyriwch yn

itaf, Eich Angenrheidrwydd anhepcorol o'r
Criſt hwn, yr hwn a gynnigir i chwi Heb
yr hwn yr *ydych wedi eich condemnio eiſiois;*
hebddo ef yr ydych heb Dduw yn y Byd, y
mae Duw yn ddigllon beunydd wrthych; y
mae Cyfiaith a Chyfiander Duw, fel Dial-
ydd y Gwaed yn ymlid ar eich ol; am hynny
o Bechaduriaid, ffowch at y Iachawdwr,
Trowch i'r amddiffynfa, chwi Garcharorion Go-
beithiol.

2 Yſtyriwch anghyfartal Arddeichawgrwydd
y Iachawdwr, yr hwn yr ydym yn eich galw
i'w gofleidio. Ni ddichon Angylion na Dyn-
ion fyth ddadcan ei Deilyngdod a'i Ogoniant
yr amlygiad Gorau o hono yw ei Dyſtiolaeth
ef

ef ei hun, a Thyſtiolaeth ei Dâd am dano, ac
os ydych am wybod pa beth yw Tyſtiolaeth
Duw am dano ef, chwiliwch yr Yſcrythurau,
canys hwynt hwy yw'r ihai ſydd yn tyſtiol-
aethu am dano ef; yn y Drych hwn y mae i ni
weled *ei Ogoniant, megis unig anedig y Tad, yn
llawn Gras a Gwirionedd* Nid oes gennyf
obaith, y bydd i Bechadur gofleidio Criſt byth
hyd oni chaffo wir Adnabyddiaeth o'i Ardderch-
awgiwydd perſonol ef, fel *Immanuel*, Duw-
dyn. Y mae Golwg ar y Mâb, yr hwn mewn
Trefn Natur, etto nid mewn Trefn Amſer, yn
myned cyn y byddo i Enaid gredu ynddo ef,
Joan vi. 40.

3. Yſtyriwch Alluogrwydd a Digonolrwydd
y Iachawdwr hwn, yr ydym yn eich galw chwi
i'w ei gofleidio; cymmerwch Dyſtiolaeth y
Tad am ei Alluogrwydd, *Sal.* lxxxix. 19. *Go-
ſodais gymmorth ar un cadarn* Cymmeruch ei
Dyſtiolaeth ef ei hun, *Eſay* lxiii. 1 Cym-
meiwch Dyſtiolaeth yr Yſbryd Glan trwy En-
au yr Apoſtol *Paul*, *Heb* vii. 15. yn datcan
ei fod ef yn alluog *i gwbl iachau, yr rhai trwyddo
ef ſydd yn dyfod at Ddŵw* Dyma i chwi y
Tri ag ſydd yn tyſtiolaethu yn y Néf, ac yn
cyd-dyſtiolaethu Digonolrwydd y Iachawdwr
hwn O gan hynny ſeliwch mai genwir
yw Duw, trwy gredu ei Dyſtiolaeth ef am
ei Fab; oni wnewch y mae eich Anghredin-
iaeth yn rhoi'i Celwydd i i holl Dduudod, 1 *Jo.*
v. 10, 11. Yn

4. Yſtyriwch mai *Anfonedig Duw*, yw y
Iachawdwr digonol hwn. Y mae yr ENW,
priodoliaethol hŵn, (ſef un anfonedig) yn cael
ei roddi iddo ddeg ai ugain neu ddeugain o
Weithiau yn yr Efengyl yn ôl St. *Joan*, y
Rheſwm

Rhefwm arferedig tiwy ba un yr oedd Crift yn
preiwadio Pechaduriaid i'w ei ddeibyn a'i gof-
leidio ef, ac nid oedd un peth a allaiai gael
mwy o Effaith arnynt, na'r Enw Priodoliaeth-
ol hwn, pe byddai i'r Pwys o hono gael ond
ei iawn bwyfo. O! yftyiiwch ar ba iath Gen-
nadwri yr anfonodd y Tad ef A gaiff *Prif-
Gennad Duw* ddim gwiandawiad gan Liaws o
Wrthrhyfelwyr condemniol? Y mae wedi ei
anfon fel Gwaiedwr i rhyddhau i Caethion, a
gofleidio'r Caethion ddim o hono? Y mae
wedi ei anfon fel Maichnydd, a gofleidia Dy-
ledwyr ac Afiadloniaid ddim o hono? Y mae
wedi ei anfon fel Phyfygwr, a gofleidia Pech-
adur afiach clwyfedig ddim o hono ef a i fedd-
yginiaethol Falm.

5 Yftyiiwch fod ei Galon a'i Ficichiau yn
agored ac yn barod i gofleidio yr holl iai hynny a
ddyment gael eu cofleidio ganddo. Os un dyw-
edyd yr Enaid mi ddymunwn ei gofleidio ef,
ond yi wyf yn ammeu ei ewyllyfgarwch ef i'm
cofleidio i. Mi a ddywedaf i chwi Newydd
da, y mae efe y llawei mwy ewyllyfgar i'ch cof-
leidio chwi, nag ydych chwi i'w ei cofleidio ef.
Y mae efe yn dywedyd ei fod yn ewyllyfgar, a
chwithau ellwch giedu ei Aii ef, canys efe
yw'i AMEN, y *Tyft ffyddlon a chywii*, ac y
mae efe yn dywedyd, mae pwy bynnig a ddel
atto ef, na bydd iddo mewn un modd eu bwiw
allan ddim. Y mae wedi roddi ei Lŵ, ei fod
yn ewyllyfgai, O, a gredwch chwi ddim o'i Lŵ
ef? *Efec.* xxxiii. 11 *Fel mai byw fi medd yr
Arglwydd nid ymhoffaf ym Marwolaeth yi An-
nuwiol* Attolwg dywedwch i mi, pa ham yr
ymiwymodd efe'er Tragwyddoldeb, ac y rhodd-
odd ei Law o'i lwyrfodd i'i Tad mewn Hedd-
gyngoi.

gyngor, gan ddywedyd, *Wele! yr wyf yn dyfod,
Da gennyf wneuthur dy Ewyllys di o fy Nuw?*
Pa ham y cymmerodd arno natur Dŷn ynghyd
a'i dibechod Wendidau? Pa ham y darfu iddo ef,
yr hwn yw y Deddf-wr mawr ymoftwng ei hun
tan felldithion ei Ddeddf ei hun? Pa hun y darfu
iddo ef yr hwn yw Arglwydd y Bywyd a'i Go-
goniant, ymddaroftwng ei hun i eigid Angau
cywyliddus y Groes? Pa ham y mae efe yn
anfon allan ei Weinidogion attoch â Galwad
ar Alwad? Pa ham y mae efe yn ddifgwil ai
hyd yr holl Ddŷdd, gan ddywedyd, *Wele fi.
wele fi?* Pa ham y mae efe yn ymrefymmu neu
yn ymryfon chwi? Pa ham y mae efe yn
gofydio o herwydd eich Cyndynrwydd a'ch
Calon galedwch, o's nad yw efe yn ewyllyf-
gar i chwi ei gofleidio ef? Er mwyn yr Ar-
glwydd, yftyriwch y pethau hyn, ac na wrth-
odwch Gyngor Duw yn eich erbyn eich hu-
nain.

6. Yftyriwch pa fath liaws a Thorf ogon-
eddus o Fendithion fydd yn dyfod gydag ef,
pan y mae yn cael ei gofleidio ym Mreichiau
Ffŷdd; megis Maddeuant Pechod, *Heb.* viii.
ad. olaf. Heddwch a Duw, *Rhu.* v. 1. Cyf-
iawnder perffaith cyfiawnhaol, *Rhu.* viii. 3, 4.
Mâbwyfiad a Mâb-freintiad, *Jo.* i. 12. Sanct-
eiddrwydd yn y Gwreiddin a'r Ffrwyth, 1 *Cor.*
i. 30. Gwybodaeth gadwedigol o Dduw, ac
o Ddirgeledigaethau ei Gyfammod, 2 *Cor.* iv.
6. A Choron o Ogoniant tragwyddol yn y
Diwedd, *Jo.* iii. 16. Fe ellid helaethu ar bob
un o'r Pethau hyn yn neilltuol, ond myfi a af
rhagof i atteb i hai Gwrthddadleuon a ddichon
rhai wneuthur yn erbyn cydfynio a'i Cyngor
hwn.

E   Cynt b

Gwrthddadl 1. Fe ddichon fod rhyw Fn-
aid tlawd yn barod i ddywelyd, mi a gofleid-
iwn Grist yn llawen a'm holl Enaid; ond yr
wyf yn ammeu fy hawl a'm fail i gyffwrdd ag
amhaethawl Rodd Duw; y mae efe y cyfryw
Fod mawr, fel ac yr wyf yn ofni mae rhyfig
fyddai i mi i gynnig ei gofleidio ef. Yn awr
er fymmyd un rhyw Amheuon o'r Natur hyn,
myfi ofodaf ger eich bron, yr ychydig bethau
Gwarantedig, neu rai Seiliau, ar ba rai y dichon
Pechadur colledig dderbyn a chofleidio y Iach-
awdwr hwn. Yn

1tat, Bydded eich Angenrheidrwydd anhep-
corol ac anfeddiginiaethol fod yn Sail i chwi.
Y mae yn rhaid i chwi ei gofleidio ef neu farw,
nid oes un Ffordd ganol Yr hwn a gredo a
fydd cadwedig, a'r hwn ni chredo a ddemnir.
Na oedwch i ddadleu'r Matter hwn, nid oes
dim Amser, nag oes un funud o Amser, yn
ganiataol i Ddyn i dreiglo'r Holiad hwn yn ei
fynwes, ar ol Dadcuddiad o Grist yn yr Efengyl
iddo, ac i ddywedyd, a fydd i mi i gredu neu
peidio? Neu os ymddadleuwch, a ddywedwch
fel Gwahangleifion Samaria? Os trigwn yma
ni a fedrun farw, ond od awn i Heifyll yr
Affyriaid, fe allai y cadwant ni yn fyw Felly
chwithau os arhofwch yn llonydd yn y Cyflwr
pechadurus a thr-uenus, heb Dduw ac heb Grist
yn y Byd, diau y colli chwi yn dragywydd,
ond os taflwch eich hunain i Freichiau y Gwa-
redwr hwn, ac ar Drugaredd Duw ynddo ef,
diddadl yw, y byddwch cadwedig Ac am
hynny bydded eich Angenrheidrwydd anhep-
corol fod yn Sail i chwi i gofleidio Crist.

2. Anturiwch gofleidio yr Iachawdwr hwn
ym Mreichiau Ffydd ar Sail gwir ddiben ei
Gnawd-

Gnawdoliaeth ef, pa ham y darparwyd Iach-
awdwr? Pa ham yr ymddangofodd yn y
Cnawd? Ai ba Genadwri y danfonwyd ef i'r
Byd, ond i geifio ac i gadw yr hyn a gollafid?
Wele gan mae gwir ddiben ac amcan Duw yn
rhoddi Iachawdwr yw, fel byddai Pechaduriaid
cadwedig trwyddo, pa beth a all fod yn fwy
hoff gan Grift neu ei Dâd yr hwn a'i hanfon-
odd ef, nag i Bechaduriaid colledig ei gofleidio
a'i dderbyn ef

3. Bydded i ymddangofiad y Duwdod mewn
Cnawd, yn yr Efengyl ogoneddus fod yn Sail i
chwi i'w gofleidio a'i dderbyn ef? y mae Dad-
cuddiad noeth o Iachawdwr heb ddim yn
chwanneg yn ddigon i ddenu Pechadur i gredu
ynddo. Pa ham y derchafwyd y Sarph Brés
ar ben troftan yn yr Anialwch, ond fel y byddai
i bob un ac oedd wedi ei fiathu gan y Seirph
tanllyd yn Ngwerfyll Ifrael, i edrych arni a
chael iachad? Yr oedd Derchafiad y Sarph
Brés yn ddigon o Sail i un Dyn i edrych arni;
felly y mae Derchafiad Mâb y Dŷn ar Droftan
yr Efengyl dragwyddol yn ddigon o Sail i bob
Dŷn i gredu ynddo, *Jo.* iii 14, 15.

4. Heblaw y Dadcuddiad o Grift, y mae
gennym gynnigiad cyflawn, rhad, a di dwyll
o hono yn Ngalwad allanol yr Efengyl; ac y
mae r cynnigiad hwn yn cael ei gyfeirio at bob
un yn ddiwahan, *Efay* lv. 1, 2, 3. *Dad.* xxii.
17. *Marc* xvi. 15. *Diar* viii. 4. Foneddig-
ion yr ydym yn pregethu Crift i chwi, ynghyd
a'i holl Gyflawnder o Râs a Gogoniant,
Haeddiant a'i Bywyd fydd ynddo ef, fel rhad
Rodd Duw, heb Arian ac heb Werth o'ch
Gweithredoedd a'ch Cymmwyfiad iu eich hun-
ain, os dygwch ddim o'r cyfryw Werth gyda

chwi

chwi mewn trefn i Lwicafu y Perl o fawr Werth, chwi a'i collwch ef yn dragywydd, canys y mae Duw yn chwennych roddi Crist yn rhad, ac anfodlon ydyw i dderbyn dim am dano. Bydded hyn, gan hynny yn Sail i chwi, tef bod Crist yn cael ei gynnig yn rhàd gan Dduw yn yr Efengyl hon; a chofiwch mai mewn Rhodd nad oes Gwahaniaeth rhwng Gŵr a Gŵr fe all y tlottaf yn gystal a'r cyfoethoccaf dderbyn Rhodd, y mae gan y Drwg-weithiedwr condemniol gystal hawl i dderbyn Rhodd oddiwrth ei Frenhin a'i Pendefig pennaf yn y Llŷs; nid yw ei fod yn Ddrwg-weithredwr euog yn un rhyw Ddadl oll yn ei erbyn, i dderbyn Rhodd, nag yw yn hyttiach y mae hynny yn ei gymmwyso i dderbyn Pardwn Felly ymma y mae Crist Rhodd Duw a'r cynnigiad rhad o hono yn ddigon o Sail i Bechadur ei dderbyn ef, heb ediych am un rhyw Gymmwyfiadau, ond ei fod yn Bechadur Newyn yw'r Cymmwyfiad gorau at dderbyn Bwyd, y mae Noethni yn cymmwyso Dŷn at Ddillad, &c. Y mae yn dra eglur oddiwrth Gyngor Crist i *Laodicea*, nad yw yn ymofyn am un Cymmwyfiadau eraill, *Dad.* iii. 17, 18 *Yr wyt yn druan, yn resynol, ac yn dlaud, ac yn dlall, ac yn noeth; yr wyf yn dy gynghori i brynu gennyf fi .ur, a Dillad gwynion, ac eli Llygaid.*

5 Y mae gennych nid yn unig Gynnigiad o Grist, ond Gorchymmyn pendant yn gofyn arnoch ei gofleidio ef, yn Sail i chwi, 1 *Jo.* iii. 23. *Hyn yw ei Orchymmyn ef, credu o honoch yn Enw ei Fab ef Iesu Grist.* Foneddigion, nid peth wedi ei adael i rydd-did eich Ewyllyfiau chwi yw i gofleidio Crist neu peidio,

neu

neu fel y mynnoch; nage, eithi yr ydych tan
Ddeddf ac íy wedi ei hamgylchu a'r Coſpedi-
gaethau mwyaf, Yr hwn nid yw yn credu a
ddamniwyd eiſioes, y mae Digofaint Duw yn
aros arno ef. Y mae'r Pechadur anghrediniol
yn diyſtyru Awduidod y Nef, ac yn rhuthio
ar Wddf Duw, a Hoelion llymion ei Darian
ef. Nid oes gennych un Rheſwm i ammeu
llai nad yw r Gorchymmyn o gredu yn perthyn
i chwi, canys pe na buaſit wedi Gorchymyn i
chwi i gredu, ni allaſai eich Anghrediniaeth
fod yn Bechod yn eich erbyn: *Lle nid oes
Ddeddf nid oes Gamwedd*   Nid ydych yn am-
mau na's gorchymmynu i chwi yn Ngair Duw,
i ddarllein, gwiando, gweddio, a ſanꝗeiddio'r
Sabbath, a chyflawni yr holl Ddyledſwyddau
eraill yn y Ddeddf foeſol; ac o herwydd eu
bod yn orchymmynedig i chwi, chwi addef-
wch Ufudd-dod iddynt; yn awr y mae credu
wedi ei Oichymmyn i chwi, mor bendifaddeu,
ie yn fwy pendant nag un Ddyledſwydd aiall;
yn gymmaint a bod cyflawniad llwyddianus
a chymmeradwy yr holl Ddyledſwyddau eraill
yn penderfynu arni; ac am hynny na ſefwch
i ddadleu eich Sail yn erbyn awdurdod Noeth
y Neſ.

6. Heblaw Gorchymmyn Duw, y mae gen-
nych Addewid o Reſawiad i'ch calonnogi i gredu
ynddo ef, *Jo.* vi. 37. Yr hwn a ddel attaf ſi
ni's bwriaf ef allan ddim. *Jo.* iii. 16. Fel na
collei pwy bynnag a gredo ynddo ef, ond
caffael o hono Fywyd tragwyddol: ond medd-
wch chwi, fe allai mai i eraill, ac nid i mi y
mae yr Addewidion yna yn perthyn; yi wyf
yn Atteb, y mae'i Addewid wedi ei darpaiu i
chwi, ac yn cael ei chyfeiiio attoch yn Ngalwad

E 3   a Goiuch-

a Goruchwiliaeth allanol yr Efengyl, *Actau* ii.
39. Y mae yr Apoſtol yno yn pregethu i
Dyrfa o Bobl a diochaſai eu Dwylo yn ddiw-
eddar yn Ngwaed Màb Duw, y mae yno yn eu
galw i Ffŷdd ac Edifeirwch : A thrwy 'r cyf-
ryw reſwm y mae yn gyriu yn y blaen y Cyng-
hor ; Y mae yn dywedyd wrthynt, " Fod yr
Addewid iddynt hwy ac i'w eu Plant, ac i
bawb ymhell, cynnifer ac a alwo yr Aiglwydd
ein Duw ni atto," lle gwelir yn eglur fod yi
Addewid wedi ei heſtyn yn gyntaf i'r *Iuddewon*
a chwedi hynny i'r *Cenhedloedd*, y rhai yi Am-
ſer hwnnw oedd ymhell iawn, a chwed'yn yn
anheiſynedig i *Iuddewon* a *Chenhedloedd*, hyd
eitha terſynau Galwad yi Efengyl Galwad
allanol yr Efengyl yn unig a amcenir yma (pa
fodd bynnag fe ddarfu i Yſbiyd yr Arglwydd
i gyd fyned yn dufewnol) yr unig ſeilfaen ar bi
un y mae deibyn yr Addewid, ac nid Galwad
tufewnol un Dŷn neilltuol, yr hyn ni ddichon
byth fod yn Sail i Ddŷn aiall i gredu ; ac am
hynny fel ac y dywed yr Apoſtol iddynt hwy,
felly meddaf finnau i chwi yn Enw y Duw
mawr, mai i chwi y mae yr Addewid, ſy
meddwl yw Addewid o Reſawiad ; *Pwy bynnag*
o honoch a gredo ni's collir byth. Nid ywr
Addewid hon wedi ei gwneuthur i'i rhai ciedi-
nol yn wahanol oddiwrth eraill, ond i bob un
ac ſy yn clywed yr Efengyl, canys pe felly y
buaſai ni alla'em ni alw neb i gredu, ond y
rhai ac ſy wedi credu eiſioes, yr hyn fuaſai yn
dra an-noeth. Gan hynny bydded Addewid
Duw yn Sail i chwi i gredu yn Nghriſt, ac
cnid ydych yn gweled fod hyn yn ddigonol ;
cymmerwch ei Addewid o Reſawiad wedi ei
ſiecrhau trwy ei Lŵ, *Eſec.* xxxiii. 11. Dym

'r ddau Beth dianwadal, ym mha rai y mae yn
amhoffibl i Dduw fod yn gelwyddog.

7. Bydded i anherfynedig a diamodedig Nat-
ur y Cyfammod Grâs, fod yn Sail i chwi i
gofleidio yr Arglwydd Iefu. Y mae'i Cyfam-
mod o Ràs fel ac y mae yn Ngoruchwiliaeth
allanol yr Efengyl, yn gyffelyb i Scrifen defta-
mentaidd fawr lle mae digon o le wedi ei adael
i bob un i fcrifennu ei Enw a Llaw Ffŷdd;
Swm a Thiefn pa un fydd fel hyn, " Myfi a
" fyddaf yn Dduw iddynt hwy, a hwythau a
" fyddant yn Bobl imi ; cymmeraf ymmaith
" y Galon Garreg, a rhoddaf iddynt Galon o
" Gîg; mi daenellaf arnynt Ddwfr glân,
" myfi a ddodaf fy Yfbryd ou mewn ;
" myfi a drugarhaf wrth eu Anghyfiawnderau;
" myfi a ddaroftyngaf eu Hanwireddau " Lle
gwelwch fod y Caniatad yn rhedeg mewn
Dull anherfynedig; nid oes fon am Enw un
Dŷn, nag un Dŷn chwaith wedi gaead allan
wrth ei Enw Beth yw y diben hyn, ond i
galonnogi pob un i fcrifennu ei Enw, neu i
wneuthur Cymmwyfiad at ei Enaid ei hun
trwy gredu, trwy ba beth y dywedir ein bod
yn ymaflyd *yn Nghyfammod Duw*. O Fone-
ddigion ! y mae'r Cyfammod Grâs fel ac y mae
yn Ngoruchwiliaeth allanol yr Efengyl, (canys
yn awr yr wyf yn neilltuo oddiwrth ddirgel
Bwrpas Duw, gan nad yw mewn un modd yn
Rheol Ffŷdd) yn gymmwys megis Rhaff, yn
cael ei thaflu rhwng Lliaws o Ddynion a fydd-
ai ai foddi, y mae'r hwn a'i taflodd hi i mewn
yn gweiddi ar bob un o honynt am ymaflyd
yn y Rhaff, gan addaw eu tynnu yn ficer i
Dîr . Felly y mae Duw yn Ngoruchwiliaeth yr
Efengyl, yn cynnig ei Gyfammod i bob un fel
Seilfaen Ffŷdd, gan ficcrhau iddynt na chaiff

pwy

pwy bynnag a ymaflo yn ei Gyfammod, ac a
dderbynio ei Griſt ef, Yr hwn a roddodd efe
yn Gyfammod Pobl, byth mo'u colli, ond caff-
ael o honynt Fywyd tragwyddol Er mwyn
yr Arglwydd, na thiowch y Rhaff hon o Iech-
ydwriaeth ymmaith oddiwrthych, tan yr eſgus
na's gwyddoch pa un ai ydyw wedi ei ham-
canu i chwi neu nid yw. Oni welech yn Yn-
fydrwydd ofnadwy, yn neb o'r Dynion a fydd-
ai ar foddi, i fyned, i ymddadlu, pa un a'i bod
y Rhaff wedi ei thaflu attynt hwy neu beidio;
pan y byddont ar ſuddo i'r Gwaelod? Oni
byddai pob un am ymaflyd ynddi gyda'r Nerth
a'r Bywogrwydd mwyaf, heb oſod un math o
Gweſtiwn yn ei chylch? Yn awr o Bechadur
dyma dy wir Gyflwr di, yr wyt yn myned i'r
Pŵll o dragwyddol Drueni, y mae Duw triwy
ei Weinidogion yn taer alw arnat i ymaflyd
yn y Rhaff hon o Iechydwriaeth, o gan hyn-
ny gwel, na wrthodech yr hwn ſy yn llefaru
o'r Nef; na ddadleuwch ymaith eich Trugar-
edd eich hunain.

8. Bydded i'r Greſawiad caredig a gafodd
eraill wrth ddyfod at Griſt fod yn Annog-
aeth i chwithau i antunio heſyd, ni ddaeth
neb erioed mewn Gwirionedd atto ef na's cyf-
arfuant a derbyniad tra charedig. Gofynwch i
Mâb Afradlon, gofynwch i *Mair Magdalen,*
Paul, ac eraill, pa ſath Reſawiad a gawſant
gan y Iachawdwr hwn, y maent yn barod i
ddywedyd iddynt gael Trugaredd. Y mae yr
un Trugaredd ac a'u hachubodd hwynt, yn
barod i'ch hachub chwithau. Nid ydych yn
ammeu nad oedd gan *Moſes*, *Dafydd*, *Pedr*,
Paul, ac eiaill o'r Seintiau ſy yn awr mewn
Gogoniant ddigon o Sail i gredu. Foneddigion,
y mae

y mae gennych yr un Seilfeini Ffydd a gaw-
iant hwythau, yr un Duw, yr un Iachawdwr,
yr un Bibl, yr un Cyfammod, yr un Addew-
idion, yr un Ffyddiondeb yn Nuw i bwyfo
aino a gawfant hwythau; ac y mae'r Ffydd
Seilfeini hyn mor gadarn, fel na fiommafant
erioed neb a bwyfodd arnynt; ac am hynny
cymmerwch Galon i gredu fel y credafant
hwythau. O! yr fath boenau chwerw ac ar-
teithiau gofydus fydd i'r Pechaduriaid angh-
rediniol tros byth yn Uffern, i weled eraill a
gredodd ar yr un Seilfeini ac oedd yn gyffred-
inol iddynt hwythau, yn eiftedd yn Nheyrnas
Nefoedd, a hwy eu hunain wedi eu caead i
fynu yn y Tywyllwch eithaf gyda'r Diaflaid
a'i Yfprydion damnedig, o herwydd eu Hangh-
rediniaeth? O'r fath fodd y bydd y Diafol ei
hun yn dannod i'r Anghrediniol yn Uffern,
pan y fyrthiont tan yr un Ddamnedigaeth ac
ef ei hun, am iddynt hwy gael y fath Seiliau
têg i gredu yn Nghrift ac na chafodd efe mor
un erioed.

Gwith. 2. Yr ydych yn fy nghymmell i
gofleidio Crift, ond y mae efe ymhell uwch-
law fy nghyrhaeddiad, y mae Crift fi y yn y
Nefoedd, pa fodd y gallaf ei gael ef?

Attch Gan na's gellwch chwi fyned i fynu
at Grift, y mae Crift wedi dyfod i lawr attoch
chwi; ac yi ydym ni yn ei ddwyn ef yn agos
attoch yn Ngair y Iechydwriaeth hon, yi hon
ac ydym yn ei bregeth, *Efay* xlvi. 12, 13.
" Gwrandewch arnaf fi rai cedyrn Galon, yi
" rhai pell oddiwith Gyfiawnder; nefais fy
" Nghyfiawnder ni bydd bell, a'm Iechyd-
" wriaeth nid erys am hynny na ddywed yn
" dy Galon, Pwy a efcyn i'r Nef, i ddwyn
" Crift

" Crift i waied o ddiuchod? Neu pwy a ddef-
" cyn i'r Dyfndei, i ddwyn Crift i fynu oddi-
" with y Meirw? Eithr y mae'r Gair yn agos
" attat, yn dy Enau, ac yn dy Galon. hwn
" yw Gair y Ffydd, yi hwn ac ydym ni yn
" ei bregethu," *Rhu.* x. 6, 7, 8. Foneddig-
ion, y mae Crift yn yr Efengyl, Gair y Ffydd
hon, yr hon ac ydym ni yn Enw a thros
Duw yn diaddodi i chwi, ac y mae yn rhaid
bod eich Ffydd yn penderfynu yn ddigyfrwng
ar y Gair hwn, cyn y galloch byth gofleidio
Crift. Ac megis pe bawn yn credu neu ym-
ddyried mewn Dŷn ar ei Addewid lefaredig,
neu fcrifenedig; felly yr wyf yn cofleidio
Crift, trwy Air y Ffydd, neu Addewidion yr
Efengyl. Gadewch fod Gŵr credadwy mewn
Achofion gwladaidd, yn byw yn *America.* a'r
cyfiyw un yn anfon i mi Lythyr gyda Meich-
iau, am ryw Swm o Arian, y mae y Gŵr
hwnnw a'i Arian yn dyfod yn agos attaf trwy
y Llythyr a'r Meichiau pa rai y mae efe yn
anfon i mi Felly ymma, er fod Crift yn y
Nefoedd, a ninnau ar y Ddaear, etto y mae
Gair y Ffydd, yr hwn yr ydym yn ei bregethu,
yn ei ddwyn ef, ei Deyrnas, ei Gyfiawnder,
a'i Iechydwriaeth, ynghyd a i holl Gyfiawnder
yn agos at bob un o honom, *felly nid rhaid i
ni efcyn i'r Nef na defcyn i'r Dyfnder i ymofyn
am dano.*

Gwrth. 3. Y mae fy Meichiau wedi eu
halogi yn ffiaidd with gofleidio Cariadau eraill,
fel ac y mae arnaf ofn na oddef Crift byth i
mi i gyffwrdd ag ef.

Er Ittebiad, mi ac'h cyfeiriaf at *Jer.* 3. 1.
*Ti a butteimaift gyda Chyfeillion lawer, etto
dychwel attaf fi, medd yr Arglwydd.* Ond ti a
ddyweda

ddywedu y mae fy Mhechodau yn diymion
iawn. *Atteb*, *Efay* 1. 18. " Deuwch yr awr
" hon, ac ymihefymwn, medd yr Arglwydd,
" pe byddu eich Pechodau fel Yfcarlet ant
" cyn wynned a'r Eiia; pe cochent fel Por-
" phoi byddant fel Gwlan."

Gwrth 4. Yi ydych yn fy annog i, i gof-
leidio Criſt, ond gwae fi, nid oes gennyf un
Fiaich; na dim gallu gennyf i'w ei gofleidio
ef.

Atteb. Od oes gennyt ewyllys i'w ei gof-
leidio, y mae'i anhawfder mwyaf wedi darfod,
canys dyna'r lle y mae'r ihwyftr gwaethaf yn
fefyll, " Ni fynnwch ddyfod attaf fi fel y
caffoch Fywyd ' Lle y mae Duw yn rhoddi
i ewyllyfio, y mae yn rhoddi i wneuthur hefyd
o'i Ewyllys da ei hun. Meddech chwi, y mae
arnaf eifiau Braich i'w ei gofleidio ef, yna
gwnewch fel y gwnaeth y Dŷn a'r Llaw wiw-
edig, ymdrechwch ei *heftyn allon* mewn Ufudd-
dod i Orchymmyn Criſt. Y mae Crediniaeth yn
beth ac fydd raid i ni ei amcanu, cyn y gallom
brofi fod Yfprjd Duw yn ei weithio yn effeith-
iol ynom Ni allwn ni ddim gweddio, na
fancteiddio'i Sabbath, na chynmaint a medd-
wl un Meddwl da, hyd oni's gweithio Yfbryd
Duw ynom ni; ac etto nid yw i ni efgeulufo'r
cyfryw Ddyledfwyddau, am nad oes Gallu gen-
nym i'w cyflawni felly er nad oes Gallu gen-
nym i giedu, etto ni a ddylem geifio credu.
Y Ffordd ac y mae Yfpryd Duw yn gweithio
Ffydd yn Eneidiau yr Etholedigion, ydyw
trwy ei gwneuthur yn deimladwy o'i Hanallu-
ogrwydd eu hunain, fel y byddo iddynt roddi
i fynu y Gwaith i'w ei Law ef, *Yr hwn fydd
yn gweithio cin holl Weithi edoedd ynom a thi ofom.*

Gwrth.

Gwrth. olaf. Bydded immi ymdrechu credi hyd ac y mae ynof, ni allaf byth, onid wyf yn un o Etholedigion Duw; *canys yr rhei'ny yn unig a ordeinivyd i Fywyd tragwyddol fydd yn credu.*

Atteb. Dyma brif ddichell mawr elyn Iechydwriaeth, trwy ba un y mae yn digalonni Pechaduriaid i gredu yn yr Arglwydd Iefu; fe'm ymddengys y twyll neu yr Gwendid o honi, yn dra hawdd ac eglur, trwy gymmwyfo 'r Gwrthddadl at Achofion cyffredinol y Bywyd hwn. Pan y gofodir Bwyd gei ein bron, a ydym yn peidio a'i gymmeryd o herwydd na's gwyddom pa un a ydyw Duw wedi ei ordeinio i ni a'i peidio? Oni ddwedwn y mae Bwyd ei Defnydd i Dŷn, ac y mae'r Bwyd hwn wedi ei ofod ger fy mron, ac am hynny myfi a'i cymmeraf, nid ydych yn dywedyd, ni's arddaf ac ni's hauaf fy Nhîr y lenni, am na's gwn pa un a arfaethodd Duw iddo ddwyn ffrwyth neu peidio; neu a ddywedwch nid af adref i'm Tŷ, am na's gwn fod Duw wedi arfaethu im' fyned mor belled. Oni chyfrifech Ddŷn yn llwyr ynfyd neu wedi gwall gofi, a ymrefymai fel hyn am Bethau o'r Natur yma. Y mae yr achos yn un modd, fel ac y mae Arfaethiadau dirgel y Nèf ymhell oddiar y Ffordd rhag ein rhwyftro i drefnu Achofion y Bywyd hwn, felly nid ydynt oll i fod yn rheol i'n Gweithredoedd mewn perthynas i Bethau mawrion Tragwyddoldeb. *Pethau dirgel fydd yn perthyn i'r Arglwydd, eithr Pethau amlwg a ddadcuddiwyd i ni ac i'n Plant.* Seiliaen eich Damnedigaeth yn y Dŷdd mawr fydd, nid am eich bod heb eich ethol, ond am na fynnech gredu. O herwydd eu Hanghrediniaeth y toirwyd ymaith yr

Iudd·

Iuddewon gwrthodedig, *Rhu.* xi. 7, a'i 20. ni
chaf chwanegu, ond fel ac na's gellwch wy-
bod fod yn ymboith a ofodir ger eich bron yn
eiddo i chwi mewn meddiant, hyd oni chym-
meroch ef; felly ni ellwch wybod fod Criſt
wedi ei ordeinio i chwi hyd oni byddoch wedi
ei gymmeryd y'ch meddiant trwy Ffydd   Ac
am hynny y mae yn rhaid i chwi gredu yn
Nghriſt, cyn yr adwaenoch eich Hetholedig-
aeth; yn amgen ni chewch fyth mo'i hadna-
bod, nai chredu chwaith.   Cymmaint a hyn
mewn Ffordd o Gyngor.

Mi gaf derfynu r ymadrodd hwn, mewn Gair
byrr, i ddau fath o bobl, yn *gyntaf*   I chwi
y rhai, fel *Simeon*, a gawſoch Griſt ym Mieich-
iau eich Heneidiau, ac o boſſibl trwy felus
brofiad y gellwch ddywedyd gyda'i ddiweddi,
cefais yr hwn a hoffa fy Enaid, mi gynhwyfaf
y cwbl ag ſydd gennyf i ddywedyd wrthych
yn y ddau neu'i tri pheth canlynol   Yn

itaf, O bendithiwch Dduw fel *Simeon*, am
y cyfryw fraint, bydded uchel glodydd Duw
yn eich Geneuau. Mi a ddywedus i chwi
eifioes am amryw Ganiadau, ac y mae gen-
nych Sail ac achos i'w eu canu, pa rai ni chat
mo i hailenwi · ond yn unig eich hannog chwi
i'w fendithio ef, yſtyriwch mai dyma yr holl
deyrnged y mae yn ei gifio gennych.   Pwy
a i bendithia ef yn dragywydd, os nid y Bobl
a ffurfiodd efe iddo ei hun   yſtyriwch ymhell-
ach, mai dyma'r Ffordd i gael chwaneg o fen-
dithion oddiwitho   Y cardotyn diolchgar ſydd
yn cael ei wafanaethu orau wrth Ddrws Duw
a Dyn. Y mae'i udganwr yn hoffi feinio ei
Gorn lle byddo'i Adlais yn dychwelyd y Sain
yn ei hol i'w ei gluſtiau, felly y mae Duw yn

F   hoffi

hoffi rhannu ei fendithion lle clywo am dan-
ynt diachefn mewn Caniadau mawl a diolch-
garwch Mohannu fydd gwaith y Nefoedd
trwy hirfaith diagwyddolde'b· Yn awi, te
ddylai yr rhei'ny ac fydd yn teithio tua'r wlad
bell, i ddyfcu iaith y wlad cyn yr elont iddi.

2 A ydyw Ciift gennych ym Mreichiau eich
Heneidiau? O gwnewch ddefnydd o'ch odfa
auraid; a thia caniateir i chwi faichogaeth gyda
'r Bienhin yn ei Geibyd o goed *Libanus*, gw-
newch ddefnydd o'ch hawl gydag ef tiofoch
eich hunain a thros eiaill yn enwedig ymbili-
wch arno i adfywio ei waith, yr hwn fy'n dad-
feilio yn ein Tu y Dydd heddyw, ceifiwch ei
ddwyn i Dy eich Mam, ac i ftafell yi hon a'ch
ymddug.

3. A ydych wedi cael Ciift yn eich Bieich-
iau, yna gwnewch fel y ddiweddi, *Can.* iii 4.
Deliais ef, ac ni's gollyngais.——Oi cedwch
ef ym Mieichiau eich Eneidiau, fe wafcaieu
ei brefenoldeb ef y cymmylau, ac fe diy gyfcod
Angeu yn Foieu Ddyd; y mae fel olewi ol-
wynion ccibyd yi Enaid; y mae Goleuni,
Bywyd, Heddwch, Pardwn, a Chyfiawnder,
yn ei ganlyn yn wastadol, a chonwch fod ei
ymadawiad o ganlyniad tia pheiyglus Gwir
yw, nad yw byth yn ymadael o iin ei brefen-
oldeb Hanfodol, ond o ian ei brefenoldeb cyi-
urol, cynorthwyol, a bywiol, fe ddichon ymad-
adael, i'r cyfryw Radd, ag y byddo yn rhaid
i'ch iodio yn alaius heb yr Haul, ac o's bydd
i chwi trwy gamymddugiad ei annog ef i ym-
neilltuo ei hun, fe ddichon yr hymlid ef chwi
trwy geiydd, ie hyd byrth Uffern, ac felly
eich gwneuthur i lefain allan, *Y mae faethau i
hollalluog ynnef, yr rhai y mae eu gwenwyn yi*

*fod fy Yſbryd, a dychrynſeydd Duw yn ymſydd-
ino i'm herbyn,* Job vi. 4.

Ac fel y byddo i chwi ei gadw ef ym Mreich-
iau eich Eneidiau, yn (1) Gochelwch bob
peth ac ſy'n meddu i'w ei annog ef i ymneill-
tuo, yn enwedig ſyrthni a diofalwch, yr hyn
a wnaeth iddo ymneilltuo oddiwrth y ddiw-
eddi, *Can.* v. 3. a'i chydmaru a'r 6. ad. Goch-
elwch falchder, canys y mae Duw yn gwrth-
wynebu'r beilchion, ac yn eu canfod o hir
bell. Gochelwch gybydd-dod, am anwiredd ei
gybydd-dod ef y digiais, ac y tiewais ef, *Eſay*
lvii. 17. Gochelwch Anghrediniaeth, y
gwreiddin chwerw edd hwnnw, yr achos o ym-
adawiad oddiwith y Duw byw. Y mae angh-
rediniaeth ac eiddigedd yn llenwi Dŷn o ddig-
llonedd, pa faint mwy yn annog Duw i ddig-
ofaint. Tan y Gyfraith, fe ordeiniodd Duw
borthorion i wilio Drws y Deml, fel nad elai
un peth aflan i mewn i halogi trigfan ei Enw
ſanctaidd ef · Giedadyn dy Enaid a'th Gorph
yw Teml y Duw bvw; gan hynny gwilia yn
erbyn un rhyw beth a'i halogo hwynt.

2. Os ydych am ddal Criſt ym Mieichiau
eich Eneidiau, cedwch eich Grâs mewn bywiol
ymarferiad o'r moddion, canys dyma'i Nardus
a'r Perlyſiau, ſydd yn rhoddi arogl Peraidd o
roeſawiad Calon iddo. Cedwch y Fraich o
Ffydd yn waſtadol oddiamgylch iddo; bydded
Tân y dwyfol gariad yn lloſgi yn waſtadol
ar allor eich calon; ſicrhewch angor eich
gobaith tu fewn i'r Llen, a bydded ffynnon
edifeirwch Efengylaidd yn rhedeg yn ddibaid;
a than eich dylanwadau mwyaf, byddwch oſt-
yngedig, a chymmerwch ofal i ddodi y Goron
ar Ben Criſt, gan ddywedyd *nid i ni, nid i ni,
ond i'th Enw dy hun do'd y Gogoniant.*

Yr ail fath o Ddymion y dymunwn lefain
ychŷd gwithynt, yw y rhai hyn, pa rai fydd
te allai yn achwyn, o herwydd bod Duw yn
cuddio ei wyneb ac yn ymneilltuo, ac y ſcat-
fydd yn dywedyd, ni ddaethym i'r Deml
heddyw i edrych a allafwn gael Crift i'm
Breichiau. ond fe'm fiommwyd, ie y mae
pethau wedi myned gyda mi mor bell, fel ac
yr wyf yn barod i daflu lawi y feilfaeni, gan
griclu fy mod yn gwbl ddieithr iddo. Mi
gynhwyraf yr hyn ac fy gennyf i ddywedyd
wrthych mewn dau neu dri o bethau ac yni
rhoddaf heibio. Yn

itaf, Cimatewch im' ofyn i chwi, onid oes
diffig a gwagter yn eich Calonau, na's dichon
yr holl Greadigaeth mo'i llanw, hyd oni ddelo
Crift ei hun i mewn? Onid yw Ordinhadau, a
Gweinidogion, y Gair ar Sacramentau yn
Wâg ac fel bronau fychion hebddo ef? Y mae
hynny yn dal nad ydych yn gwbl ddieithr
iddo, ac am hynny paid a meddwl yn rhy
galed am danat dy hun, nid yw dy gyflwr heb
ei gyflelyb. Beth a debygu am *Dafydd, Sal.*
xiii. *Afoph, Sal.* lxxvii. *Heman, Sal* lxxxviii.
ie Crift ei hun, yr hwn o herwydd bod ei Dâd
yn cuddio ei wyneb, a lefodd allan, yn y modd
Calon ddrilliol hynny, *Fy Nuw, Fy Nuw, pa*
ham i'm gadewaift?

2. Gwybydd ei dy gyffur y bydd i'th Ar-
glwydd, yr hwn fy yn awr yn ymguddio oddi-
wrthit, ddychwelyd drachefn attat: canys *tros*
Brydnhawn yr erys wylofain ac erbyn y boreu y
bydd gorfoledd, Sal xxx 4, 5. Efay liv. 7, 8.
Y mae yr hiraeth a'r ymgais fy yn dy Enaid ar
ei ôl yn Wyftyl o'i Ddychweliad, canys efe *a*
ddriw-

ddiwalla'r Enaid fychedig, ac a leinw'r Enaid newynog a daioni.

3. O's na ellwch gael Crift eu hun i'w ei gofleidio, ymrowch i gofleidio Gair ei Addewid, fel Seintiau yr Hen Deftament, *Heb.* xi. 13. Ac fel Gwraig yn gofod Llythyrau ei Phriod abfenol yn ei mynwes, ac fe allai cyffanu ei fcrifen Law, felly gofodwch chwithau Addewidion eich Priod goreu yn eich mynwes, a rhwng eich bronau, hyd oni ddychwelo ef ei hun.

4. Cedwch eich hawl ynddo ar Seilfaen y Cyfammod, pan nad ellwch ai feilfaen Teimlad; fel Gwraig yn cadw ei pherthynas a'i Gŵr ar feilfaen Priodas, er ei fod yn ddig ac yn abfenol, y mae Duw yn caru gweled ei bobl yn byw, ac yn cadw ei hawl ar Sail y Cyfammod newydd, pan y byddont *yn rhodio mewn Tywyllwch ac heb leuyr h iddynt,* Efay l. 10. Ac y mae y cyfryw ymddugiad a hyn, yn gyffredin yn terfynu mewn dedwydd gyfarfod rhwng Crift ac Eneidiau ei Bobl, canys y mae Seliad yn canlyn Crediniaeth

SALM LXXIV. 20.

Edrych ar y Cyfammod.

Y Mae'r Salmydd with ddadleu dros Eglwys
a phobl Dduw, gan ddymuno ar Dduw i
ymddangos trostynt yn erbyn eu Gelynion, yn
defnyddio amryw Refymmau; yn neilltuol yn
yr *Adnod* o'i blaen, lle y mae yn deifyf arno ef
i beidio ac anghofio rhyw beth, *Nag angho-
fia Gynlleidfa dy Drueniaid byth*, Y mae yn
hyttiach yn defnyddio'i Rhefwm hyn, am fod
Duw wedi dywedyd, *Sal* 9. 18 *Canys ni ang-
hofir y Tlawd byth, gobaith y Trueniaid ni cho-
llir byth.* Y mae rhyw beth yn yr *Ad.* hon,
ac y mae efe yn ymddadleu a Duw i gofio ac i
edrych arno, *Edrych ar y Cyfammod* Galla-
fai ddywedyd, ti a'n dygaift ni i Gyfammod a
thi dy hun, ac er ein bod ni yn anheilwng i
edrych a nom, etto *edrych ar y Gyfammod* yr
Addewid. Pan y mae Duw yn gwared ei Bobl,
mewn coffadwriaeth o'i Gyfammod y mae yn
eu gwared hwynt, *Lef* 26 42 *Minnau a go-
fiaf fy Nghyfammod a* Jacob, *a'm Cyfammed he-
fyd ag* Ifaac, *a'm Cyfammod hefyd ag* Abraham
a gofiaf, ac a gofiaf y Tir hefyd Nid oes i ni
i ddifgwil y bydd iddo ein cofio ni, hyd nes
cofio ei Gyfammod o herwydd pa ham yr
Athrawiaeth oddi yma, yw, *Mae adarn Ddadl
Ffydd, with ymbil a Duw,* yw iddo i edrych ar
y Cyfammod. O's bydd i ni i ymbil a Duw
am

am Drugaredd, neu ymddadleu ag ef am ei
Ffafr, neu ddifgwil am un Daioni oddiwrtho
ef, ar ryw achos, bydded i ni ei ddifgwil ar
gyfrif y paich fydd ganddo i'r Cyfammod, ac i
ymddadleu ag ef ar y fail hon. Ei mwyn trefn
mi ddangofaf. Yn

I. Ar bwy Gyfammod y mae yn edrych. Yn

II. Pa beth yw ei fod ef yn edrych ar y Cy-
fammod. Yn

III Ar ba beth yn y Cyfammod y mae yn
edrych. Yn

IV. Pa fath edrychiad neu olwg fydd ganddo
ar y Cyfammod. Yn

V. Pa ham y mae yn edrych arno, ac felly
pa fodd y mae yn ddadl neu yn ble mor gym-
mwys wrth ymbil am Drugaredd Yn

VI. Gwneuthur cymmwyfiad o'r cwbl.

I. Dangos, Ar bwy gyfammod y mae efe yn
edrych.   Atteb. Y cyfammod a fonir yma am
dano yw'i Cyfammod Grâs a'r Addewid a
wnaethpwyd yn Nghrift Jefu cyn dechreu'r
Byd, ac a gyhoeddwyd i Bechaduriaid trwy E-
fengyl, *Jer.* 32. 39, 40. " A mi a roddaf iddynt
" un Galon, ac un Ffordd, i'm hofni byth,
" ei llês iddynt ac i'w Meibion ai eu hol. A
" mi a wnaf a hwynt Gyfammod tragwyddol,
" na throaf oddi withynt, heb wneuthui llês
" iddynt ; a mi a ofodaf fy ofn yn eu Calon-
" nau, fel na chiliont oddi wrthyf." *Ezec.*
36. 26. " A rhoddaf i chwi Galon newydd,
" Yfbryd newydd hefyd a roddaf o'ch mewn
" chwi, a thynnaf y Galon Garreg o'ch
" Cnawd chwi, ac mi a roddaf i chwi Galon
" Gîg." *Jer* 31 33. " Ond dyma'r Cy-
" fammod a wnaf fi a Thŷ Israel ; Ar ol y
" Dyddiau hynny, medd yr Arglwydd, myfi
                              " a rodd-

" a roddaf fy Nghyfraith o'u mewn hwynt, ac
" a'i 'lgi fennaf bi yn eu Calonnau hwynt, a
" mi a fyadaf iddynt hwy yn Dduw, a hwy.
" thau a fyddant yn Bobl i mi." *Sal* 89.
trwyddi.

Y mae yn cael ei alw yn Gyfammod Grâs o
herwydd mai Grâs yw ei ddechreu a'i ddiwedd,
ei Sail-faen a'i Pen conglfaen o hono, ief Grâs
yn teyrnafu trwy y Gyfiawnder. Y mae yn cael
ei alw yn Gyfammod Trugaredd, o herwydd i
fod Trugaredd i Druciniaid yn cael eu cyhoe-
ddi ynddo, trwy Waed cyfiawnder bodlonol,
canys ynddo y mae Trugaredd a Gwirionedd
yn cydgyfarfod, a holl Drugareddau *Dafydd*
yn cael eu cyfiannu trwyddo. Fe a'i gelwir
yn Gyfammod heddwch a chymmod, o her-
wydd ei fod yn fon am, ac yn cynnwys Hedd-
wch a Duw, ac yn ei wneuthur yn dda. Fe
a'i gelwyr yn Gyfammod yr Addewid, o her-
wydd ei fod mewn perthynas i ni yn gorwedd
yn yr Addewidion, a'i rhei'ny i gael eu cyf-
lawni ar yr ammod a gyflawnwyd eifioes trwy
ufudd-dod a bodlonrwydd Crift, ac o herwydd
bod Ffyddlondeb Duw wedi ei wyftlo ynddo,
er cyflawniad o'r holl Addewidion i'r rhai cre-
diniol, Plant yr Addewid. Fe a'i gelwir yn
Gyfammod Halen o herwydd mai gair anlly-
gredig ydyw, " Cyfammod tragwyddol wedi ei
" luniaethu yn hollawl ymhob peth ac yn ficer"
Mewn Gair, Cyfammod yw o gymmorth i
Bechaduriaid di gynhorthwy, yn dywedyd
" Godais gymmorth ar un cadarn. " O If-
" rael ti a ddiniftraift dy hun, ond ynnof fi
" y mae dy gymmorth." Cyfammod o Bar-
dwn i'r rhai euog ydyw, yn dywedyd, " Myfi
" myfi yw'r hwn a ddileaf dy Gamweddau er
mwyn

" mwyn fy hun, ac ni chofiaf dy Bechodau
" mwyach ' Cyfammod o gyflawnder ydyw,
pan bo'i Tlawd a'r Anghenus yn ceifio Dwfr,
ac heb ddim i'w gael, a'm Tafod yn diffigio
gan Syched, myfi yr Arglwydd a'u gwrandaw-
ai, myfi Duw Ifrael nis gadawaf hwynt. Cy-
fammod o roddion ydyw, lle y mae Gras a Go-
goniant yn cael eu roddi yn rhad, ac yn yr
oruwchwyliaeth o hono y mae Duw yn dywe-
dyd, Tyied a chymmer bob peth yn rhad, ei
hun, ei Crift, ei Yfpryd, a'r cwbl, *Dad.* 22.
17. *Efa.* 55. 1.

Yr ail Ben cyffiedinol yw, dangos, Pa beth
ywi fod Duw yn edrych ar y Cyfammod Yn

1 Y mae Duw yn edrych ar y Cyfammod
pan y mae yn ei gofio, ac felly yn ein cofio
ninnau, fel y rhag grybwyllwyd, yn *Lef.* 26.
42. *Mi gofiaf fy nghyfammod, ac a gofiaf y tir.*
Yr un modd y *Sal.* 111 5 *Y mae yn rhoddi
ymborth i'r rhai a'i hofnant ef.* Pa ham, Efe
a gofia ei Gyfammod yn diagywydd, o's daw
efe i roddi Ymborth i borthi ein Heneidiau yr
Odfa hon, yr Achos fydd ei fod yn cofio ei
Gyfammod, ac yn cofio ei Addewid.

2 Fe ellir dywedyd i fod Duw yn edrych ar
ei Gyfammod, pan y mae yn ei barchu Nid
oes ganddo un Achos i edrych ainom, neu i'n
parchu ni, ond y mae yn gweled Achos i ed-
rych ai ei Gyfammod ; y mae yn ei anrhyd-
eddu o herwydd y Rhefymmau a ddangofaf ar
ôl llaw, yn unig dywedyd yr wyf yma fod ei
Anrhydedd wedi ymrwymo ynddo, o herwydd
pa ham y mae yn dywedyd, " Ni thorraf fy
" Nghyfammod, ac ni newidiaf yr hyn a ddaeth
" allan o'm Genau" *Sal.* 89. 34. Y mae gan-
ddo fwy o barch iddo nac fydd ganddo i'r Nef

a'r

a'r Ddaear; Y mae yn dywedyd yr â yr Nef a'r
Ddaear heibio, ond fy Ngair i nid â heibio
ddim. Y mae ganddo y fath barch iddo fel na
thynn byth mo hono, ond ei gadw yn diagy-
wydd.

3. Y mae yn edrych ar ei Gyfammod pan
y mae yn ei gadarnhau A phan y byddom yn
gweddio arno i edrych ar y Cyfammod, nid yd-
ym yn gweddio arno yn unig i gofio ei Gyfam-
mod, ac edrych ar y Cyfammod, ond hefyd i
gadarnhau ei Gyfammod ryngddo ef a ni, fel ac
y dywedodd i *Abraham*, " Cadarnhaf hefyd fy
" Nghyfammod rhyngof a thi, ac i'th Hâd ar
" dy ol." Y mae yn edrych ar y Cyfammod
pan y mae yn peri i'r Cyfammod yn ymaflyd
ynom ni, a ninnau i ymaflyd yn y Cyfammod
canys dyna'r pryd y mae efe yn gwneuthur i
ni i edrych arno ef ac ar ei Gyfammod.

4. Y mae yn edrych ar y Cyfammod pan y
mae yn cyflawni Addewidion y Cyfammod,
fel y gwelwch yn *Mic.* 7 20. " Ti a gyflaw-
" ni 'r Gwirionedd i *Jacob*, y Drugaredd he-
" fyd i *Abraham*, yr hwn a dyngaift i'n Tad-
" au er y Dyddiau gynt " A phan y mae
yn gweithredu yn ôl trefn y Cyfammod, neu
yn ol y Drugaredd a wnaeth yr Addewid, a'r
Gwirionedd fydd wedi ymrwymo i gyflawni'r
Addewid. Yn fyrr fwm y Weddi hon, mewn
perthynas i'r Gair *edrych*, Edrych ar y Cyfam-
mod, yw'r Arglwydd, cofia y Cyfammod, ac
felly cofia finneu, Arglwydd edrych ar y Cy-
fammod, a chofia finneu ar yr un Seilfaen,
pan nad oes un achos arall, paham yr edrychyt
arnaf; Arglwydd cadarnha dy Gyfammod a
mi, ac felly anrhydedda dy Enw dadcuddiedig
yn y Cyfammod hwnnw, a gwna a mi yn ôl
Addewid

Addewid y Cyfammod. Gwna i mi i obeithio yn dy Air, ac yna " cofia 'r Gair ar yr hwn " y peraift i mi obeithio," a gwna a mi, nid yn ol fy Mhechod a'm Haeddiant ond yn ol dy Gyfammod a'th Drugaredd yn Nghrift Jefu.

Y trydydd Pen cyffredinol yw, dangos, Ar ba beth yn y Cyfammod y mae yn edrych, neu y dylem ymddadleu ag ef o'i herwydd.

1 Edrych ar y Cyfammod, hynny yw edrych ar Gyfryngwr y Cyfammod, nid oes un dyledus Barch ûnat i mi, etto onid oes gennyt Baich, ie a mawr barch hefyd i Gyfryngwr y Cyfammod, fef Crift, " Yr hwn a roddaift yn Gyfammod Pobl? Er ei fwyn ef tofturia wrth-yf; edrych ar y berthynas fydd rhyngddo ef a'i Cyfammod, fefefe yr hwn yw Cyfryngwr, Teftamentwr, Tyftiolwr, Cenadwri, Machniydd, a'r cwbl o'i Cyfammod Edrych ar ei fwyddau, a gâd iddo ef gael gogoniant ei fwyddau cyfryngol. Dadl cadarn i bledio a Duw yw'i berthynas fydd rhyngddo a Chrift, ni all Duw ddim troi heibio y cyfryw Ddadl. Y mae'n rhaid iddo edrych ar a pharchu Crift, yr hwn a'i parchodd ef cymmaint, ac a orphennodd y Gwaith a roddes efe iddo i wneuthur.

2. Edrych ar y Cyfammod, trwy edrych ar Waed y Cyfammod. Gwaed Crift yr hwn a ofodir allan yn y Saciament Swpper yw Gwaed y Cyfammod, efe a'i gelwir, *Yr Teftament ne-wydd yn ei Waed ef*, o herwydd bod yr holl Addewidion wedi ei felio ag ef, ac felly yn ie *ac yn Amen yn Nghrift* Dyma Ammod y Cyfammod newydd Unig Ammod y Cyfammod Gweithredoedd oedd ufudd-dod gweithredol yr *Adda* cyntaf, ond priodol Ammod y Cyfam-
mod

mod o Râs yw ufudd-dod gweithiedol a dia-
ddefol yr ail *Adda*, ei waith ef yn byw ac yn
marw. Yn awr Arglwydd edrych ar y Gwaed
hwnnw a feliodd y Cyfammod, gan fod yr
Ammod wedi ei chyflawni i'th anferdiol fod-
londeb, cyfranna yr daioni a addewyd ynddo
i mi

3. Edrych ar y Cyfammod trwy edrych ar
Lw'r Cyfammod, *Heb* 6. 17 Fe gadarnhawyd
yr Addewid a Llw Duw, " Fel trwy ddau
" beth dianwadal, yn yr rhai yr oedd yn am-
" hofibl i Dduw fod yn gelwyddog, y gallem
" ni gael cyffur cryf, *&c* 'Nawr Arglwydd
oni edrychi ar Lw dy hun? " oni thyngaift yn
" dy fanéteiddrwydd na ddywedit Gelwyddi
" *Ddafydd* ?

4 Edrych ar y Cyfammod trwy edrych ar
Briodoliaethau r Cyfammod Y mae hwn yn
Faes ehang iawn, ond mi a grynhofaf y cwbl
i fynu mewn ychydig eiriau Edrych ar y Cy-
fammod, hynny yw, Arglwydd edrych ar
Gyflawnder y Cyfammod, a gad i mi gael fy
niwallu, o herwydd y mae digon yno, y mae
yn cynnwys fy holl Jechydwriaeth a'm holl
ddymuniad, edrych ar Radloniwydd y Cyfam
mod, a gâd imi, er moi anheilwng gael rhan
or Gras fydd yn rhad redeg ynddo. Edrych ar
ddianwadalwch y Cyfammod, a thofturia wrth-
yf, y mae dy Gyfammod yn aros yn ficci er fy
mod i moi wan ac moi anwadal a'r Dwfr, co-
fia dy air, yr hwn fydd yn aros yn dragywydd
Edrych ar drefn y Cyfammod, y mae wedi ei
iawn drefnu ymhob peth yn gyftal ac yn ficer.
" Er nad yw fy Nhŷ i felly gyda Duw, medd
" *Dafydd*, etto Cyfammod Tragwyddol a
" wnaeth efe a mi, wedi ei luniaethu yn
" hollawl

" hollawl ymhob peth." Er bod fy Nhŷ all-
an o drefn, a'm Calon allan o drefn, a'm tym-
mer allan o drefn, a'r cyfan oll mewn cymmyf-
gedd gyda mi, etto gwel yn ol dy Gyfammod,
iawn dreinu pob peth.

Y pedwarydd pen cyffredinol yw dangos pa
fath edrychiad neu olwg fydd gantho ar y Cy-
fammod, fel ein calonoger yn fwy i ymddadl-
leu ac ef o'i herwydd. yn

1. Y mae gantho edrychiad neu olwg fawr
a goruchel ar y Cyfammod. Cyfammod y
Duw mawr a i Fâb mawr tragwyddol ydyw,
er Anrhydedd a Gogoniant ei Enw mawr ei
hun, o herwydd paham ni all lai na bod gan-
ddo olwg fawr arno. Y mae ei enw mawr yn
ddatguddiedig ynddo, ac felly pan y byddom
yn deifyfu aino i edrych ar y Cyfammod, yr
ydym yn dadlu mewn effaith, ac yn dywedyd,
yr hyn a wna er mwyn ei Enw mawr.

2 Y mae ganddo olwg anwyl a charedig ar
y Cyfammod, canys Cyfammod ei Ras a i
Gariad yw, lle dengys ei anfeidrol Gariai i Grift
a thrwy Grift i Liaws o Bechaduriaid andwy-
ol. Cyfammod o Drugaredd ydyw, *Efa.* 54.
10. " Eithr fy Nhrugaredd ni chilia oddi-
" wrthyt, a Chyfammod fy Hédd ni fyfl medd
" yr Arglwydd fy'n trugarhau wrthyt." Yn
dal allan mae Cyfammod o Drugaredd yw Cy-
fammod ei Hêdd, lle y mae yn dangos ei Gar-
iad anwylaf, o herwydd paham y mae gan-
ddo olwg fawr aino.

3. Y mae ganddo Olwg gyfiawn ar y Cyf-
ammod, a Pharch cyfiawn i bob Addewid o
hono, y maent oll yn *Ie* ac yn *Amen* i Ogon-
iant Duw, 2 *Cor.* 1. 20. Y mae ganddo
Barch i bob un o honynt, o herwydd eu bod

G   oll

oll yn Ie ac yn Amen, ac am eu bod wedi eu
cadarnhau felly yn Nghrift i Ogoniant Duw.
Y mae ganddo barch i bob Pwngc lleiaf o'r
Cyfammod, *Ni fyrthia un Iot o hono i'r llawr.*

4. Y mae ganddo Barch tragwyddol i'i Cyf-
ammod, o herwydd pa ham fe a'i gelwir yn
Gyfammod tragwyddol; y mae wedi ei gad-
arnhau trwy Gyfiawnder tragwyddol, wedi ei
wneuthur rhwng dwy Blaid dragwyddol, wedi
ei lenwi a Bendithion tragwyddol, wedi ei feil-
fienu mewn Cariad tragwyddol; o herwydd
pa ham efe a gofia ei Gyfammod byth, ac ni
phaid byth ac edrych aino. Pa iaid meddwch
gan hynny i ni i weddio ac ymddadleu ag ef i
edrych ai ei Gyfammod? Atteb, Os gwii ei fod
yn edrych, ac y bythol ediych ar ei Gyfammod;
yna ni allwn weddio gyda mwy o Hyder a Siccr-
wydd, gan fod gennym y fath Sail gadarn i'n
Cweddiau. Heblaw hyn, pan bom yn gwe-
ddio ac yn dywedyd, Edrych ai dy Gyfam-
mod, yi ydym yn ceifio ganddo ei ddadcuddio
i ni fel y bo gennym Ffydd ynddo, ac y
mwynhaom y Ffrwythau, a'r Effeithiau fy'n
perthyn iddo, trwy gael ein gwneuthui yn Gyf-
rannogion o'i Bendithion cynnwyfedig ynddo

Y pummed Pen cyffiedinol yw dangos pa
ham y mae yn ediych ar y Cyfammod, ac yn
ganlynol pa fodd y mae yn Ddadl moi gym-
mwys i ni. Yn

1 Pan y mae yn ediych ar y Cyfammod v
mae yn ediych aino ei hun, y mae yn addef
inai efe ei hun yw ei Wneuthurwr, *Sol.* 89. 3.
Gwneuthum Ammod a'm Hetholedig Dyma
gan hynny Rym y Dadl, *Edrych ar y Cyfam-
mod,* ac felly edrych arnat dy hun, ac ar dy
Enw a'th Briodoliaethau gogoneddus, boed
iddynt gael eu gogoneddu trwy ediych ar y
Cyfammod

Cyfammod. Edrych ar dy Ddoethineb yn
difcleirio yn Nhrefniad y Cyfammod. Y mae
amryw Ddoethineb Duw, ie, y Doethineb
oedd yn guddiedig mewn Dirgelwch yn ym-
ddangos yma. Edrych ar dy Allu, yr hwn
fydd yn difcleirio yn Effeithiolaeth y Cyfam-
mod, yn gorchfygu nid yn unig Tywyfogaeth-
au ac Awdurdodau, ond hefyd yn dy orchfygu
di dy hun, a Grym dy Ladiawgrwydd trwy
Rym dy Gariad   Edrych ar dy Sancteiddrwydd
yr hwn fydd yn difcleirio yn Llw fanctaidd y
Jehofa, trwy yr hwn y cadarnhawyd y Cyf-
ammod, ac Ufudd-dod fanctaidd Jefu trwy yr
hwn y cyflawnwyd, fel megis trwy Anufudd-
dod pechadurus un y gwnaethpwyd llawer yn
Bechaduriaid, felly trwy Ufudd-dod fanctaidd
un gogoneddus arall y gwnaethpwyd llawer yn
gyfiawn. Edrych ar dy Gyfiawnder yr hwn
fydd yn difcleirio yng waed y Cyfammod, yr
Aberth trwy ba un y cafodd Cyfiawnder ber-
ffaith ac anfeidiol Fodlondeb. Edrych ar dy
Drugaredd a'th Râs, y rhai fy'n teyrnafu trwy
Gyfiawnder i Fywyd tragwyddol. Edrych ar
dy Wirionedd a'th Ffyddlondeb, y rhai fydd
yn difcleirio yn Nghyflawniad holl Addewid-
ion y Cyfammod, ar gyfrif bod Crift wedi cyf-
lawnu Ammod yr Addewidion. Edrych ar dy
Dragwyddoldeb a'th Ddianwadalwch yn Ang-
hyfnewidioldeb y Cyfammod, dangos mae
Duw wyt, ac nad wyt yn cyfnewid. Fel hyn
edrych arnat dy hun.

2 Pan y mae yn edrych ar y Cyfammod,
y mae yn edrych ar ei Fab Crift Canol-bwynt
y Cyfammod, ac yn yr hwn y mae 'r Cyfam-
mod yn fefyll yn ficcr, fel ac y mae efe ei hun
yn dywedyd, *Sal.* 89. 38. *A'm Cyfammod*
fydd

tydd fcer iddo Wele, gan hynny Grym y
Dadl yw, *Edrych ar y Cyfammod*, ac fel'y ed-
rych ar dy Fab, edrych arno yn ei Berfon, fel
ac y mae yn Fab i ti, ac fel y mae yn Jach-
awdwr i ni, *Emmanuel*, Duw-dyn; yn ei Na-
tur ddwyfol ymha un y mae yn ogyfuwch a
Duw; yn ei Natur ddynol ymha un y mae y
pennaf o holl Weithredoedd Duw. Edrych
arno ef yn ei Bwrcas, yi hyn yw Sylwedd y
Cyfammod a brynodd a'i Waed. Edrych ar
ei Angeu a'i Adcyfodiad, yr wyt yn ei garu ar
y cyfrif hynny, *Ioan* 10. 17. *Am hyn y mae 'r
Tad yn fy ngharu i, am fy mod i yn dodi fy Ein-
ioes i lawr fel y cymmerwyf hi drachefn.* Lle
gwelwn mae Crift yn marw, ac yn adcyfodi
yn lle ei Bobl yw Gwrthddrych Parch, Cariad
ac Hyfrydwch y Tâd. Edrych ar ei Einiol-
aeth, lle y mae yn gweddio am holl Fendith-
ion y Cyfammod, y rhai a bwrcafodd, onid
yw 'r Tâd yn ei wrando ef bob amfer? Edrych
ar ei Gennadwri a'i Awdurdod y rhai a feliaift
Di, canys efe yw 'r hwn a feliodd Duw 'r Tâd,
a enneiniwyd, a awdurdodwyd i'w holl Swy-
ddau, Perthynafau ac Amgylchiadau cyfiyrgol,
bydded iddo 'r Gogoniant o honynt oll. Oh,
gadarn Ddadl!

3. Pan y mae yn edrych ar y Cyfammod, y
mae yn edrych ar ei Yfbryd, Cymhwyfwr
mawr y Bendithion cyfammodol; Goruwch-
wiliwr a Dofparthwr y Teftament a feliwyd a
Gwaed Crift, trwy yr hwn y mae Cariad y
Cyfammod yn cael ei dywallt ar lêd yn ein
Calonnau, *Rhu.* 5. 5. Grym y Dadl hwn
gan hynny yw, Edrych ar y Cyfammod, hyn-
ny yw, edrych ar dy Yfbryd dy hun fel y by-
ddo iddo gael y Gogoniant o gymhwyfo a i
Allu

Allu yr hyn a bwrcafodd Crift a'i Waed. Ed-
rych ar Addewid yr Yfbryd yr hon a wnaeth-
oft, mae pan ddeuai yi argyhoeddai 'r Byd o
Bechod, o Gyfiawnder, ac o Farn; y tyftiol-
aethai am Giift, y gogoneddai Grift, trwy
ddangos Pethau Crift. Edrych ar Swyddau
yr Yfbryd, megis ac mae efe yw 'r Argyhoedd-
wr, Sandeiddiwr, a Chyfurwr yn ol Dull a
Threfn y Cyfammod. Edrych ar Anrhydedd
yi Yfbryd, yr hwn yw 'r Oll yn Oll o'r Cyf-
ammod, o ran Neith, a nerthol Ddadcuddiad
Cyfianniad, a Gweithrediad. Edrych ar ber-
thynafau 'i Yfbryd, fel ac y mae efe yw Yfbryd
y Tad a'r Mab, Yfbryd y Cyfammod, a'r
holl Had cyfammodol. Oddiymi gwelwch yn

4. Pan y mae yn edrych ar y Cyfammod, y
mae yn edrych ar ei Bobl ar gyfrif Cyfammod
yr Addewid, canys hwynt hwy fel *Ifaac* yw
Plant yr Addewid, *Gal.* 4. 28. O herwydd
pi ham Giym y Ple a'r Dadl hwn yw, Arg-
lwydd edrych ai y Cyfammod, ac felly edryeh
ainom ninnau. Nid oes gennym un Hawl i
gleimio un Paich ai dy Law ond yn unig ar
gyfrif y Parch fy gennyt i'th Gyfammod Ed-
rych ar ein Perlonau ar y cyfrif hyn, gan fod
y Cymmeiadwyad yn yr Anwylyd, *Eph.* 1. 6.
Ediych arnom yn Wyneb dy Enneiniog, ac
yn Nrych, ac ar Sail y Cyfammod newydd
edrych ar ein Gweddiau, gan fod y Cyfam-
mod wedi ihagdddarparu Perarogldarth lawer
i offrymmu gyda Gweddiau ac Offrymmau yr
holl Saint ar yr Allor Aur yr hon fydd gerbron
yr Orfeddfaingc, *Dad.* 8. 3. Edrych ar ein
Dagrau, pan bom yn ochneidio, yn gruddfan,
yn galara, ac yn wylo o'th flaen, gan fod y
Cyfammod wedi darparu Coftrelau i'n Dagrau,

Sal.

Sal 56. 8. Dod fy nag ai yn dy Gyftrela:
Ar y cyfaif hyn edrych ai ein heifiau, pan
fom wedi caledu, fel na's gallom weddio, nag
wylo, na thywallt Deigryn, gan fod y Cyf-
ammod wedi darparu modd i ddiwallu y tlawd
a'r anghenus, *Phil.* 4. 19. *A'm Duw i a gyf-*
law na eich holl Raid chwi, yn ol ei olud ef mewn
Gogoniant yn Nghrift Iefu.

Y Chweched Pen cyffredinol oedd gwneu-
thur rhai *Cymhwyfadau,* yr hyn a wnawn yn
y pedwar Peth canlynol   Yn

1 Oddiyma gwelwn Nôd a Darluniad o'r
gwir Gredinwyr, y maent o Feddwl Duw,
y mae efe yn edrych ai y Cyfammod, ac y
maent hwythau yn edrych ai y Cyfammod,
ac oddiyma y maent yn gwybod pa beth yw
dadleu a Duw ar gyfrif ei fod yn edrych ar y
Cyfammod , ni allent wneuthur felly byth
oni b'ai eu bod yn edrych yn fawr ar y Cyfam-
mod eu hunain.   Y mae ganthynt yr un Olwg
o ran Natur ac fydd gan Dduw ei hunan arno,
y mae ganddynt y cyfryw Olwg fawr arno fel
ac y maent yn ei gyfrif yn fwy na holl Bethau
'r Byd I ni roddant un Addewid o hono ar yr
hen y gwnaethpwyd iddynt i obeithio am holl
Aur *Ophir*; y maent yn edrych yn anwyl ac yn
garedig arno, fel eu holl Jechydwriaeth, a'u
dymuniad, ie, holl a'u hyfrydwch hefyd. Ymae
'r Gair Grâs yn felufach iddynt na 'r *mel,* ic ra
Diferiad y *Diliau Mel.* Y maent yn edrych yn
gyflawn ac yn gyffredinol, ac ar yr holl Adde-
widion o hono; y maent yn edrych ar yr Ade-
wid o Burdeb yn gyftal a'r Addewid o Bardwn,
yr Addewid o Waredigaeth rhag Pechod, yn
gyftal a chymaint a'r Addewid o Waredigaeth
rhag Uffern, yr Addewid o Sanéteiddrwydd yn
yn

yn gyftal a'ı Addewid o Happufrwydd. Ac
fel ac y maent yn edrych ar holl Orchymyn-
nion Duw, felly y maent yn edrych ar yr holl
Addewidion, ac yn neilltuol fel ac yr oedd gan
Ddafydd ei Salmau euraid, felly y mae ganth-
ynt hwythau Addewidion euraid ar ba rai y
gwnaethpwyd iddynt ı obeithio. Ie y mae
ganthynt Edrychiad tragwyddol aı y Cyfam-
mod a'r Addewidion o hono, pan y mae eu
tymmerau a'u melus brofiadau yn pallu, y mae
ganthynt Edrychiad parhaus ar y Cyfammod,
a phaıch parhaus i Awdwı y Cyfammod, Cyf-
ryngwr y Cyfammod, Gwaed a Llw'r Cyfam-
mod, Yfpryd y Cyfammod, Bendıthion a
Rhagoıfıeintıau'ı Cyfammod   Y mae gan-
thynt Barch tıagwyddol i Ras y *Cyfammod,* y
Cyfammod Gras; y maent yn caru ac yn rhy-
feddu rhad Ras.   Y maent yn tragwyddol ed-
rych ac yn cofio geııiau y *Cyfammod,* yn
neilltuol y geiıiau hynny trwy ba rai y daeth
Bywyd a Gallu ı'w eu Henaıd, neu ar y rhaı
gwneuthpwyd iddynt i obeithio; beth byn-
nag a anghofiant, ni's anghofiant byth o'r cyf-
ryw aır a ddugodd Fywyd ı'w eu Henaidiau,
" Ni's anghofiaf dy Eiriau byth medd *Dafydd,*
" canys a hwynt y bywheıft fı."   Y mae gan-
ddynt y cyfryw olwg ar y *Cyfammod,* fel pan
na bo ganthynt ddım yn y byd i ymaflyd yn-
ddo, ac y glynant wrth y *Cyfammod* ac y cad-
want afael moı gadarn ynddo, ac y dadleuant
o'ı herwydd, gan ddywedyd, Argwydd edrych
ar y *Cyfammod*

2 Gwelwn oddiyma drueni yr rhei'ny ag
fydd yn anghredadwy, ac yn aros yn ddıeithr-
ıaid i *Gyfammod* yr Addewid, nad ydynt yn
Edrych ar y Cyfammod, y mae yn drueni mawr
i fod

i fod Duw yn peidio edrych arnoch chwi, nag
ar eich Perfonau na'ch Gweddiau, fel ac y
dywedir, " Nid edrychodd efe ar *Cain* nag ar
" ei Offiwm," *Gen.* iv. 5. Felly nid yw
Duw yn edrych ar eich Perfonau na'ch Cyf-
lawniadau. Y maent yn ffieidd-dra iddo, os
na's gwelfoch y Paich fydd gan Dduw i'w ei
Gyfammod, ac os na's ymaflafoch ynddo, nid
yw eich Gweddiau iddo ond fel cyfarthiad Ci.
Nid ydych yn edrych ar Dduw, tra na byddoch
yn edrych ar yr hyn ac mae efe yn edrych ar-
no cymmaint, ac fel nad yw yn edrych ar eich
Perfonau na'ch Cyflawniadau, felly hefyd nid
yw yn edrych ar eich Dagiau, am na's tardda-
fant erioed oddiwrth olwg Ffydd ar Grift croef-
hoeliedig, nid yw yn edrych ar eich Eneidiau,
ni waredir byth mo honynt, am nad ydych yn
iawn edrych ar Waed a Chyfiawnder y Cyf-
ryngwi. Nid yw yn edrych ar eich gwaith yn
cymmuno, nag yw, y mae yn ei ffieiddio ac
yn gwahardd i chwi i eiftedd wrth ei Fwrdd,
tan y perygl o fwyta ac yfed eich Damnedi-
gaeth eich huhain. Nid yw Duw yn edrych
nag yn prifio eich Jechydwriaeth, am nad
ydych chwi 'n edrych nag yn prifio yr Jach-
awdwr, ac y mae efe wedi ei ddarparu a'i gyn-
nig i chwi. Nid yw Duw yn prifio mwy eich
damnio, nac yr ydych chwithau yn prifio ei
ddianrhydeddu ef. Y mae Duw yn meddwl
mor lleied am danoch, ac y'ch chwithau yn
meddwl am bechod, ac mae'n edrych mor lleied
arnoch chwi, ac yr ydych chwithau yn edrych
ar Grift ei *Gyfammod* ef. Gwae chwi os aros
a wnewch yn y cyflwr hwn, canys y mae'r
Dydd yn dyfod ar ba un bydd i Dduw, yng-
wydd yr holl Fyd, i ddangos nad oes ganddo
ddim

ddim mwy o Barch i chwv, nag y bydd iddo i
ddywedyd wrthych, " Ewch oddiwrthyf rai
melldigedig, i'r Tân tragwyddol, &c. ond

3 Oddiyma ni allwn weled Happufrwydd y
rhai crediniol, y rhai ag fydd yn edrych felly
ar y Cyfammod, megis ag y dywedais, y rhai
ag fydd yn edrych yn fawr, yn anwyl, yn
gyflawn, ac yn waftadol arno, ac ar y Cyf-
ryngwr o hono; y rhai fydd wedi ymaflyd
trwy Râs yn y Cyfammod, ac yn gwybod pa
beth yw ymaflyd yn Nuw yn y Cyfammod, a
chymmeryd gafael ar Dduw mewn Addewid,
a'i ddal ef wrth ei Air, ac ymorphwys arno
yn Addewid y Cyfammod, dyma eich mawr
Happufrwydd, y mae Duw yn edrych arnoch
Pa fodd ? Edrych ai eich Perfonau, a'ch Off-
rymmau, fel y dywedir am *Abel*, *Gen.* 4. 4.
I Dduw i edrych arno ef ac ar ei Offrwm. Er
eich bod yn dywedyd yn eich calonnau, O pa
fodd y gall edrych arnaf fi, myfi aflan, du, ac
euog ? Bydded hyfbys i chwi mai nid er eich
mwyn eich hunain, ond er mwyn ei enw a'i
Gyfammod ei hun. Y mae yn edrych arnoch
yn gweddio, yn moliannu, ac yn cymuno, am
ei fod yn edrych ar ei Gyfammod Y mae
yn edrych ar eich enwau, er y pydra
Enw 'r drygionus, fe fydd eich Enw chwi
mewn tragwyddol Goffadwriaeth, canys y
mae Duw wedi gofod ei enw arnoch, a rhyw
beth o Grift a'r Cyfammod ynnoch. Y mae
rhai yn dal fylw pan y trowyd enw *Abram* yn
Abraham i rai Llythyrennau o'r enw *Jehofa* i
gael eu dodi i mewn yn enw *Abraham*. Yn wir
y mae yn rhoddi enw newydd i'r Credadyn, ac
y mae efe yn edrych arno. Y mae yn edrych
ar eich ymbiliau, a'ch Deifyfiadau, *Clywais*
Gwynfan Ephraim. O ! *Fy ngholommen yi hon*

*wyt yn holltau 'r graig. &c. Gad i mi glywid
dy Lais, &c.* Y mae yn edrych ar Ruddfanau
ei Golommennod pan y maent yn tywallt allan
eu calonnau ger ei fron. Y mae Duw yn ed-
rych ar y llais hynny ag y mae 'r bŷd yn ei
wawdio. Y mae yn edrych ar eu gwaed, y
mae gwaed ei Saint yn werthfawr yn ei olwg.
Y mae yn edrych ar ei Heneidiau, o herwydd
pa ham y rhoddodd ei Waed yn jawn troftynt.
a phan mae eich Eneidiau yn diffigio, y mae
yn anfon ei Yfpryd i'w hadferu, a phan y by-
ddoch meirw, efe a enfyn ei Angylion i'w eu
dwyn hwynt i'r Nefoedd. Y mae yn edrych
ar eich Cyrph, chwi ddylech, chwi y rhai a
brynwydd er gwerth ei ogoneddu ef yn eich
Eneidiau a'ch Cyrph y rhai fydd eiddo ef.
Pan elo eich Cyrph i'r Llwch, efe gymmer
ofal am y Llwch hwnnw ac ni chyll ddim o
honoch, eithi efe a'ch adgyfoda yn y Dydd
diweddaf, ac a wna eich Cyrph gwael chwi
yr un ffurf a'i Gorph gogoneddus ef; ac felly
byddwch byth gyd a'r Arglwydd ; y mae yn ed-
rych arnoch yn y cytryw fodd ac y darfu iddo
eich anrhydeddu, " Fr pan aethoft yn werth-
" fawr yn fy ngolwg, i'th amhydeddais."
Efe a'ch gwnaeth yn Frenhinoedd ac yn Off-
eiriaid i Dduw. Fe goronwyd *Jacob* yn Dy-
wyfog ym Maes y Rhyfel, ym Maes Gweddi
pan yr ymdrechodd a'r Angel, a llwyddodd
fel Tywyfog. Y mae pob Gwr tlawd ymdre-
chus yn Dywyfog, a phob Gwraig dlawd ym-
drechus yn Dywyfoges yngolwg Duw; " Dy-
" ma anrhydedd yr holl Saint." Y maent
yn cael nerth gyd a Duw, o herwydd pa ham
nid oes rhyfedd eu bod yn cael Awdurdod ar
y Cenhedloedd, i'w bugeilió a Gwialen Hai-
arn;

arn; Y maent yn barnu ac yn poeni y rhai
fydd yn trigo ar y Ddaear, a hynny yn y Byd
hwn. Ac oni wyddoch chwi, mai ar ol Llaw
y barna'r Saint y Byd, y mae Duw yn edrych
gyd a pharch arnoch, ac efe a'i dengys i chwi
mewn iawn Bryd, o herwydd bod ganddo
Barch i'w ei *Gyfammod*, ac fe leinw eich Cal-
onnau chwithau o Barch iddo yntef.

4. Oddi yma gwelwn y Rhwymedigaeth
fydd ainom i ymddadleu a Duw am ei Ffafr,
a'i Brefennoldeb, a'i Fendith; gadewch i ni
fyned atto ef mewn Gweddi ddirgel, ac mewn
nefhad cyhoeddus at ei Fwrdd gan lefain, Ar-
glwydd *Edrych ar y Cyfammod*. Ni wn i am
un Cyflwi ac y gellwch fod ynddo nad oes yn
y *Cyfammod* Feddyginiaeth rhagddo, ac y mae
groefaw i chwi ymddadleu am dano, *Efec.* 36.
37 Wedi llawer o Addewidion gwerthfawr y
Cyfammod newydd, y dywedir, "Fel hyn y
"dywed yr Arglwydd Dduw, ymofynnir a
" myfi etto gan Dŷ *Ifrael*, i wneuthur hyn
" iddynt" A pha fodd yn mae i ni ymofyn
ond trwy ymbil arno i edrych ar y *Cyfammod*,
a oes gennych Galon aflan gan halogrwydd
Pechod a chydwybod aflan gan euogrwydd
Pechod? wele dyma un o Addewidion y *Cy-
fammod*, "Myfi a danellaf ainoch Ddwfi glân
" fel y byddoch lan oddiwrth eich holl Fryn-
' ti, ac oddiwrth eich holl Eulynod y glan-
hafchwi, *Ad.* 25 O gan hynny ewch at Dduw
am lanhad, a dadleuwch gan ddywedyd, *O Ed-
rych ar y Cyfammod.* A ydyw yr hên Galon
Garieg galed etto o'ch mewn, a ydych am ei
hadnewyddu a'i thynneru? Dyma Addewid
y Cyfammod, "rhoddaf i chwi Galon new-
" ydd, Yfpiyd newydd hefyd roddaf o'ch
" mewn

" mewn chwi, a thynnaf ymaith y Galon
" Garreg o'ch Cnawd chwi." O ewch at
Dduw a dywedwch, *Edrych ar y Cyfammod*. A
ydych yn ymddifaid o'r Yspryd, yn annianol
heb fod yr Yspryd gennych? A ydych yn
profi y cyfryw eisiau o'r Yspryd, fel na's gelk-
wch rodio yn ffordd Duw heboddo? wele dyma
Addewid y Cyfammod, " Rhoddaf hefyd fy
" Ysprydd o'ch mewn a gwnaf i chwi rodio
" yn fy Neddfau, a chadw fy Mainedigaeth-
" au a'u gwneuthur, O ymddadleuwch am y
Fendith fawr hon, a dywedwch Arglwydd
Edrych ar y cyfammod

Mewn Gair, pan yſtyrioch pa fath Becha-
duriaid ydych, ac hefyd pa fath Gyfammod
ydyw hwn, digon yw i ddywedyd, mae Cyf-
ammod o Ras ydyw, o bob mith o ras i bob
math o Bechaduriaid tu yma i Uffern. A yd-
ych tan euogrwydd ofnadwy? dyma Gyfam-
mod o Ras pardynol, " Dileus dy Gamwedd-
" au fel Cwmwl, a'th Bechodau fel Niwl,
" dychwel attaf, canys myfi a th waredais "
Eſa 44. 22. O gan hynny ymddadleuwch
ag ef am " Edrych ar y Cyfammod". A yd-
ych yn llawn o halogrwydd ofnadwy? O
dyma Gyfammod o Ras i'ch puro, gan ddy-
wedyd fod Ffynnon wedi ei hagoryd i Dŷ *Da-
fydd*, ac i Breswylwyr *Jerusalem*, o ymddad-
leuwch ac ef am " Edrych ar y Cyfammod".
A ydych mewn Tywyllwch o Anwybodaeth,
heb wybodaeth o Dduw? O dyma Gyfam-
mod o Ras i'ch goleuo, yn dywedyd hwy a
ddyſgir oll gan Dduw. O ymddadleuwch a
dywedwch Arglwydd " Edrych ar y Cyfam-
mod" A ydych yn farwaidd ac fel Eſgyrn
ſychion meirwon? o dyma Gyfammod o Ras
i'ch

i'ch bywhau, yn dywedyd, Fel y caent Fyw-
yd, ac fel y caent et yn helaethach. " Y
" mae'r Awr yn dyfod pan y clywo'r Meir v
" Lef Mab Duw, y rhai a gywrint a fyddant
" byw" O dyfedwch wrtho am *Edrych a*
, Cyfunnod A ydrych maer An ysfydd
heb wyod pa troll i gymnerad? O dyma
Gyfammod o Ras i'un eviawy'ly, yn dywe-
dyd, " Arweiniaf y Deillia d ar hyd ffordd
" nid a'nabuant, tywysaf hwynt ar hyd Llwy-
" brau ni adnabaraat, gwnaf Dywyllwch yn
" Oleuni o'r blaen hwynt, a pheth i cam-
" ion yn union." A ydych chwi tan blaen
blin, ac anechyd Enaid ac Aicholhon wedi
rheleg diofach o Go yn y Pen hyd Wadn y
Droed? O dyma Gytammod o Ras meddyg-
iniaethol, " Haul y Cyñawnder a gyfyd i
chwi, a Meddyginiaeth yn ei hefgill, " Myfi
" yr Aiglwydd a'th jachaf, myfi a achaf eich
" Gwrthmifigrwydd", O gan hynny dadleu-
wch, gan ddywedyd, *Edrych ar y Cyfammod.*
A ydych chwi yn y dyfnder mwyaf o Beirgl
Uffern a Damnedigaeth, o herwydd Pechod,
ac euogrwydd? O dyma Gyfunnod o waredi-
gol Ras, yn dywedyd, " Gollwng ef yn rhydd
" rhag defgyn o hono i'r Pwll, canys nu a gef-
" ais iawn' O ymddadleuwch, a dywed
wch, Arglwydd, *Edrych a y Cyfammod.* A
ydych chwi mewn caethiwed i Bechod Satin,
a'r Byd, yn gaeth i'ch chwantau, a ch edi eich
cread i fynu tan anghredunaeth megis me yn
Carchar? o dyma Gyfammod o Ras rhyddi-
haol! yn cyhoeddi rhyddid i'r Caethion,
ac agoriad Carchar i'r rheiny ag fydd yn
rhwym. Ai Enaid hwyrdrwm ydwyt yn ftielu
cyffro tuagat Dduw na fymmud tuai Ne-

H   foedd

foedd, o herwydd ewyllys gyndyn fel poith
Haiarn yn gwithiefyll pob moddion Annog-
aethol? Wele yma Gyfammod o Ras tyn-
nedig, yn dywedyd, ' Minnau pan i'm der-
chefir a dynnit bawb atti fy hun.' Fel
ac y mae Neith a Rhinwedd, y Tynn-faen
(neu Loadftone) yn tynnu yr Haiarn atti,
felly mae Rhinwedd Crift deichafedig yn tynnu
j Bwi Haiarn oi Lwyllys Dy Bobl a fydd-
ant ewyllyigar yn Nydd dy Nerth O dad-
leuwch, a dywedwch, Arglwydd, Edrych ar y
Cyfammod

Lithaull fy'n eich blino, a ydych yn blino
ar eich Plant, am iddynt hwythau grel eu
gweuthur yn gyfraniogion o Fendithion y
Cyfammod ach ael eu hachub gan yr Arglwydd?
O y mae yma Gyfammod o Ras ehang iawn,
wedi ei ficerhau i ni ac i'n Hiliogaeth, gan
ddiwedyd, Myfi fyddaf yn Dduw i ti ac i th
Had O gan hynny edrychwch at Dduw mewn
pe th nas ich Plant, a dywedwch Arglwydd
Edrych ar y Cyfammod A ydych mewn blin-
der am yr Eglwys, ei bod mewn Amgylchia-
dau peiyglus o herwydd Pechod a Gelynion
creulon? Y mae'n debyg mai hyn oedd Blinder
mawr y Salmydd yma, fel ac y gwelir oddi-
wrth Goiph y Salm hon, a'r Geiriau ag fydd
yn canlyn y Teftyn " Canys llawn yw
" Tywyll-leoedd o drigfannau Trawfder " Y
mae i her'n ag fydd yn byw mewn Tywyll-
wch Anwybodaeth, cyfeiliornad Gweithred-
oedd y Tywyllwch, yn llawn Trawfter yn
erbyn yr Eglwys a Phobl Dduw ac y maent
wedi eu hamgylchu ganddynt, yn y cyfryw
ruld fel ac y mae'r Eglwys fel y Lili ymmyfg y
Dian neu Ddefaid ymmyfg Bleiddiaid, Pa
beth

leth a ddaw o honi? Wele dyma Gyfammod
o ymddiffiniad, o ias i gadw ac i ymddiffin,
yn dywedyd, "Ai ei holl Ogoniant y bydd
"amddiffin', gan hynny hyd yn oed pan y
byddo Gelynion yn dryllio ei Cherfiadau ar un-
waith a Bwyill ac a Morthwylion, ad. 6, Pan
y maent yn "bwrw y Cyffegioedd yn Tân",
ad 7 Pan y maent yn dywedyd, "Cyd-an-
"rheithwn hwynt', ad. 8. Ie pan y delo
Cleddyf gwaedlyd fydd yn deftrywio ar led,
i ddyfod trofedd attom ni, a phan delo Gelyn-
ion tra-mor, neu whadol, neu i ddau i ddifa
ac i ddeftrywio, ac fe allai i lofgi fynu holl
Synagogau Duw yn y Tû fel ad 8. a phan
na b'om yn gweld ein Harwyddion, ac na
byddo Prophwyd mwy, ac na byddo gennym
neb a wyr pa hyd, ad 9. yn yi holl Achofion
hyn pa beth a wnawn ond fel y Salmydd yma,
Argiwydd "edrych ar y Cyfammod,

A ydych yn cael eich blino gan Elynion fu-
fewnol, Gelynion yip.ydol, ac yn cael e ch
gorthrymmu gan Alluoedd y Tywyllwch? Os
ydyw eich Calornau yn llawn o dragfannau
creulondeb, a chwediea llenw yn ofnadwy gan
gythrculiaid, chwantau, a llygiedigaethau cieu-
lon y rhai fydd yn meritioli, yn gorchfygu ac
yn llwyddo yn eich eibyn, fel ac yi ydych lawei
gwaith wedi eich clwyfo, ac fel yn farw with
Diaed y Gelyn? o dyma Gyfammod, o Bech-
od goichfygol Ris, nid yn unig Cyfammod
o Diugredd y'ch Heneidiau, ond hefyd o
Ddialedd ar eich Llygredigaethau, yn dywed-
yd, "Dydd dial fydd yn fy Nghalon, a Blwy-
"ddyn fy ngwaredigion a ddaeth," Efa. 63.
4. o herwydd pa ham llefwch nes tynnu i
lawr ddial ai holl greulon Elynion eich En-

eidiau

eiddun a dywedwch Arglwydd, " Edrych ar y
Cyfammod. A ydych mewn blinder o herwydd
tlodi a gwaeledd eich Eneidiau, nid yn unig
yn ofel eich gorchymynu gan Elynion oddi
fewn ac oddi allan, ond hefyd gan ddiffigion
ac eisiau, yn dyfod eto yn anghenus iawn, ac
yn amddifaid o bob Daioni? Dyma Gyfam-
mod o gyflawnder o Ras ac o bob peth ang-
enrheidiol wedi ei ragddarparu i gyflawni
diffyg Eraid, yn dywedyd, pan byddo r Tlawd
a'r arglenus yn ceisio Dwfr, ac nid oes, a'u
Tafod yn difygio gan Syched, myfi yr Ar-
glwydd a u gwrandawaf, myfi Duw Jacob nis
gadawaf hwynt, tywalltaf ddwfr ar y fychedig,
a Ffrydiau ar y fych Dir   O herwydd paham,
dad'euwch y Cyfammed fel y Salmydd yn yr
Adnod garllyrol, " Na ddychweled y Tlawd
" yn wradwyddus: Mohanned y Truan
" a'i Anghenus dy Enw " " Edrych ar y
Cyfammod.

Mewn Gair, bydded eich Cyflwr y gwaethaf
tu yma i Uffern, y mae'r Cyfammod hwn fel
Cyfammod o Ras yn cynnwys pob Iechydwr-
iaeth, pob Gràs, pob math o Ràs, i bob math
o Bendadunaid, a phob math o Feddyg niaeth
i bob math o Gleifydau; ac os gellwch greu
eich hunain wedi eich gwiegyfu yn Rhwynyn
y Cyfammod hwn, yna chwi dynnwch Dduw
o'ch tu, fel ac y bydd yr hyn fydd yn perthyn
i chwi yn perthyn iddo yntef, eich hawl chwi
ei hawl yntef, eich Dadl chwi ei Ddadl yntef,
eich achos chwi ei achos ef, fel mae'r Salmydd
yn danges, Ad. 22. " Cyfod o Dduw dadleu
" dy Ddadl". Y mae yn fefyll ar ei amhyd-
edd ei hun, ac efe a wna ei waith ei hun yn
ei amfer ei hun, os cawfoch Ràs i dynnu (Bil)
Dyled-

Dyled-ìciìfen ar Dduw fel Duw yn cyfamoddi ac yn addaw y n Nghuìft, ac od oes gennych raì Dyled-fcrìfenìadau yn gorwedd ar y Bwrdd o flen yr Orfedd, ac nas gellwch weìthìau mo'u dadleu a'u gyrru yn y blaen, gydag, Arglwydd " Edrych ar y Cyfammod", y mae gennych yr annogaeth cryfa i ddìfgwyl wrtho, ac i ddìfgwyl atteìoad y'ch fcrìfenìadau mewn ììwn bryd, canys efe wna wrthìau, efe grea Fydoedd newydd, ac fe dìy bob peth i ddim yn hytìach nag y ìhoddo ì fynu eì hawl yn, neu y peìdìo " Edrych ar y Cyfammod.

A ydych am dderchafìad Teyrnas Crìft ar y Ddaeaì, fel ac y dylech fod ? dyma Gyfammod o Ras ì *Juddewon* a Chenhedloedd, yn dywedyd, ' rhoddaf y Cenhedloedd yn Etìfeddìaeth ì ti a therfynau'ì Ddaear i'th Feddìant', A ydych yn gofalu am y Cenhedlaethau ì ddyfod, am y Genhedlaeth fydd yn cyfodi pan y mae moì lleìed gobaìth am y Genhedlaeth bìeìenol, o d,ma Gyfamod o Ras ì'ì Cenhedlaethau canlynedìg hyd ddiwedd y Byd, yn dywedyd, gwnaf gofìo dy enw ymhob Cenhedlaetì au, am hynny y molìanna y Bobl dì byth bythoedd. A ydych yn gofalu am eìch dìwedd, a pha foìd y bydd gydag chwì yn ymchwydd y Ìoddonen, pa fodd yr ymladdwch yì fìwydr ddìweddaf ? Dyma Gyfammod o Ras ì oìchfygu Angeu, yn dywedyd, *Angeu a lyngcwyd mewn buddugolìaeth*, &c, A ydych yn gofalu ac yn prydeìu am barhâd Gweinìdogaeth yr Efengyl ? Y mae llaweì Gaìr yn y Cyfammod hwn mewn peìthynas ìddì, yn enwedig hwnnw, fod Crìft wedi eì dderchafu i gynnal ac i amddiffin goìuwchwìlìaeth yr Efengyl hyd ddìwedd y Byd, *Mat.* 28. 20. Pa ran bynnag o'ì

Ddaear

Ddaear a ddewiſo neu a adawo. *Efe ddarchaf-*
odd i'r uchelder, fe ddcrhyniedd Roddion i Ddyr-
ion, ie, i'r rhai cyndyn hefyd fel y preſwilia yr
Arghwydd Dduw yn eu plith, Sal. 68. 18

TERFYN

Yr ODL

1 YN Llŷs y Nef bu Lef ddi-lith
   Wnaeth Gynnwrf byw na dderfydd byth,
Pa rai o'r holl brynedig Had
Oedd fwya yn Nyled Cariad rhad

2 Roedd yno rai o'r Crud a'r Bru,
Am garu 'n llon uwch pawb trwy 'r Llu,
I'nt gael eu dwyn i'r Porthladd pur,
Cyn gweld nac ymgais hwn yn wir

3 Rhai wedi cael mwy Oes i'w Rhan
Cyn gado hyn o dywyll Fan,
Yn cleimio canu uwch pob rhai
I'r Gras faddeuodd aml Fai

4 Fel Cad mewn Blŷs doent yn y bla'n,
Pwy Delyn gu ddechreuai 'r Gân?
Pob un a'i Ble trwy 'r nefol Blás,
Pwy fwya, ddyfna yn Nyled Grâs

5 Myfi ('be un) trwy 'r holl le hwn
Yw 'r mwya yn ryled Gras mi gân,
Nage, 'be 'r llall, 'r wi'n haeru 'n hy
Mae mwy Dyledwr ydwyf fi

6 Clywch 'be 'r trydydd, oll diſtewch,
Myfi yw 'r Dyn, chwi ganiatewch
Mae Pechaduriaid penna 'r llawr,
Sy fod yn Ben Cantorion nawr.

7 Ebe 'r pedwerydd. tewch a'ch Cân,
Mae 'n rhaid i'm Clodydd gael y bla'n,

Myfi o bawb tan Awyr las
Yw 'r Gwrthiau mwya o rad Ras,

8 Gan Bwyll 'be 'r pummed, ffwrdd a'ch Ple,
Fi yw Rhyfeddod mwya 'r lle,
Myfi o'r holl fyrthieuig rai,
A haeddai 'n wir y dyfnaf wae.

9 Gerllaw 'r oedd Enaid llawnfryd llwys
At JESU 'n Dân o Gariad dwys,
Yn gwaeddi 'n gu am oruwch Gân
I'r Gras wnei 'r bryntaf Feiau 'n lân.

10 O fi 'be 'r llall, mawr bechu wnes
Er Cariad a'r Goleuni g'es,
Ai oruwch Gloch fy roddi Cân
I'r hwn a'm dug o'r dyfnaf Dân.

11 Dewch, dewch 'be un, mi gwnaf i ma's
Mae fi yw 'r mwya yn nyled Gras,
O bawb o fewn y Nef yn awr
Myfi yn wir oedd waetha 'i wawr

12 Un arall codai wrth ei Glŷn
Mor glau am Glôd, di falch, di-flîn ;
Gan waeddi 'n groch mewn uchel gri
" Nid oes Dyledwr fwy na fi

13 Ni rof ddim lle i neb trwy 'r Llu
I ganu Mawl yn uwch na mi
Mi aetho 'n nyled Gras tros ben,
'Does Gymmar im' trwy 'r Nefoedd wen

14 Fel Udcorn uwch eu Pen 'be un
Cyffrodd y Gan fy nghalon gûn,
Er maint eich Braint ar hyn o bryd,
Fi bia 'r Gan ar bawb eu gid.

15 A hwythau 'r Lluoedd cyhoedd cu
Mewn Awen felus, hwylus, hy,
Yn dweud, Beth yw 'r cymmaru Cân ?
Pob un mewn Blŷs am gael y bla'n

16 Diodde 'r Nâd ni's gallwn ni,
Mae chwi a'r unig Sail y fy,

I ganu Clodydd Gras y Nc',
'R ym ninnau yn llon yn cleimio 'n lle

17 Beth, addef neb yn h n o ran
Fod iddo G mmar ne n un mar,
Am hynny deach me n uniadd doun,
Ar uwchi Llais i ganu 'n llor

18 Ac yna 'r Tel nonon oil
Un fryd, un fron, heb Galon goll,
Dechreu fant ganu 'n llon eu Ilef,
Nes dadfain holl Seilfeini 'r Nef

19 Cydbyngcio Haleluiah 'n glau
I'r hwn ro'i Fab i far v 'n friu,
'R unwedd i deilwng Oi N ein Duw
Yr hwn a'i Waed a'u golcuai 'n wiw.

20 Yn Empres gref coronwyd Gras,
Mewn Rhwylc a'r Mawredd mwya ma's
'R angylaidd Lu yn chwyrn eu Chwant
Yn ceingcio 'n dwym ar uwchaf Dant.

21 Gwnaeth yr Eiddigedd hoywedd hy
I bawb o gylch yr Orfedd gu,
Ymdrechu am y gwycha 'u gwawr
Pwy blygai ifa, lwyfa lawr

22 'R ymryfon nefaf yn ddi Lid
Rhwng Adar glew 'r *Baradwys* glyd
Wnaeth i'r Cantorion glewion gian
Ymdrechu gid am uwchaf Gan.

23 Yn fath Ddadleuon tirion teg
Eu Hoes detnyddiant heb ddim breg,
Pob Cerddor mwyn yn c'oeddi ma's
Fawr Wrthiau Cariad Crist a'i Ras.

23 Gwna 'r Anghyttundeb bawb yn un
Mewn Moliant melus weddus wyn ;
Mor goeth yw 'r Gan, mor ddwys, mor dde
Cerddoriaeth fy yn llenwi 'r Lle

D I W E D D.